초급아랍어 A1

녹음 파일 다운로드로
생생한 학습 지원!

머리말

한국에서 아랍어 교육이 공식적으로 시작된 지 50년이 훌쩍 지났습니다. 그동안 한국의 아랍어 교육은 아랍 사회의 국제적 영향력 및 위상 증진과 우리나라와 친밀해진 대외 관계 등에 발맞추어 많은 발전을 해 왔습니다.

전국의 5개 대학에 아랍 관련 학과가 개설되어 있고 국내 주요 대학에서 기초적인 수준의 아랍어 교육이 이루어지고 있습니다. 중·고교에서 아랍어 교육이 시행되고 있고, 대학수학능력시험에도 아랍어가 포함되어 있습니다.

이러한 주목할 만한 발전에도 불구하고 한국에서 아랍어 교육은 여전히 많은 과제를 안고 있습니다.

아랍어 교육 과정은 교육 기관마다 제각각이고, 공식 교육 기관에서 정규 교육과정을 받을 수 없는 일반인들을 위한 체계적인 아랍어 교육 시스템이 마련되어 있지 않으며, 학습자의 아랍어 능력을 평가할 수 있는 아랍어 능력 평가인증체계도 아직 구축되지 않고 있습니다.

이런 과제들을 해결하기 위한 사업이 대한민국 정부의 지원으로 2018년부터 시작된 특수외국어지원사업이고, 이 사업의 지원에 힘입어 아랍어 교육의 그동안의 난제들을 하나씩 해결할 수 있게 되었습니다.

〈초급아랍어〉 역시 특수외국어지원사업의 지원을 받아 학생과 일반인 등 아랍어 학습을 희망하는 모든 사람들에게 아랍어 교육을 체계적으로 지원하기 위한 목적으로 만들어졌습니다.

〈초급아랍어〉는 아랍어 문자 학습을 포함한 기초적인 아랍어 학습을 이수한 학습자들을 대상으로 본격적인 아랍어 교육을 위한 다양한 내용들을 담았습니다.

〈초급아랍어〉는 아랍인들과의 의사소통에 필요한 어휘, 기본적인 구문과 표현 및 어법 등을 정리하여 아랍어 학습자들의 편의를 돕도록 제작되었습니다.

〈초급아랍어〉는 CEFR 기준 A1 수준으로 제작되어, 이 교재를 성공적으로 학습한 이들은 아랍인들과 가장 기초적인 의사소통과 함께 제한된 정보 교환이 가능하리라 믿습니다.

21세기 현재 아랍어는 UN의 6대 공용어 중 하나이며, 이슬람교와 20억 무슬림의 언어입니다. 서남아시아와 북아프리카 22개 국가의 국어이기도 합니다.

〈초급아랍어〉가 학습자들의 아랍어 의사소통능력 향상에 도움이 되길 바라며, 아랍어를 통해 대한민국과 세계인의 문화 및 문명의 발전과 교류에 제 역할을 담당할 인재들이 배출되기를 기대합니다.

저자 일동

이 책의 활용법

1 학습목표
각 단원의 대표적인 표현을 중심으로 학습목표를 제시하였다.

2 말하기와 읽기
낱말이나 표현을 듣고 익히도록 하였다.

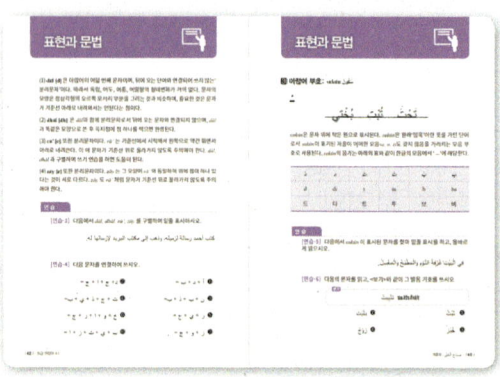

3 표현과 문법
실용적인 대화문을 통해 말하는 능력을 키우도록 하였다.

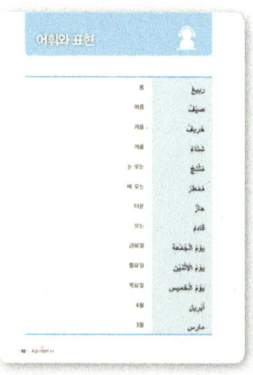

4 어휘와 표현
어휘와 표현들을 듣기를 통해 정확하게 읽고 이해하도록 하였다.

5 문화

특색있고 주요한 아랍 문화를 소개하여 문화적 이해를 도모하였다.

6 연습문제

표현이나 문법사항을 문제풀이를 통하여 정리하고, 문장을 완성하거나 배열하는 문제 등을 통하여 쓰기를 강화할 수 있도록 하였다.

7 녹음

각 단원의 예문을 현지인의 발음으로 학습할 수 있다.

일러두기

본 교재에서 새로운 어휘와 표현은 아랍어 문자 순서대로 나열한다. 명사의 경우 단수와 복수 명사를 함께 표기하며, 복수명사의 경우 جَمْع (복수)의 약자(ج)으로 표시한다. 동사는 3인칭 남성/단수/완료형을 제시하며, 미완료형과 동명사는 각각 괄호 안에 표기한다. 정관사 ال 이 붙은 단어는 어휘의 첫 번째 아랍어 문자를 기준으로 배열한다.

목 차

머리말 ⋯ 02
이 책의 활용법 ⋯ 04

제1과

مَرْحَبًا

안녕하세요
⋯ 13

제2과

أَنَا حَسَنٌ

저는 하산입니다
⋯ 25

제3과

صَبَاحُ الْخَيْرِ

좋은 아침입니다
⋯ 37

제4과
مِنْ أَيْنَ أَنْتَ؟
당신은 어디에서 오셨습니까?
··· 47

제5과
عِنْدِي أَخٌ
저는 형제가 있습니다
··· 59

제6과
هَلْ أَنْتَ طَالِبٌ؟
당신은 학생입니까?
··· 71

목 차

제7과

كَيْفَ الْجَوُّ؟

날씨가 어떻습니까?

··· 83

제8과

مَاذَا تَأْكُلُ؟

무엇을 드시겠습니까?

··· 95

제9과

هَلْ أَنْتَ طَالِبٌ جَدِيدٌ؟

당신은 신입생입니까?

··· 107

제10과

مَا هِوَايَتُكَ؟

당신의 취미는 무엇입니까?

··· 119

제11과

بِكَمْ هَذَا؟

이것의 가격이 얼마입니까?

··· 131

제12과

كَمِ السَّاعَةُ الْآنَ؟

지금 몇 시입니까?

··· 141

제13과

أَيْنَ مَحَطَّةُ الْمِتْرُو؟

지하철역이 어디입니까?

··· 153

목 차

제14과
هَلْ تَتَكَلَّمُ اللُّغَةَ الْعَرَبِيَّةَ؟
당신은 아랍어를 하십니까?
··· 165

제15과
هَلْ يُمْكِنُنِي أَنْ أَتَكَلَّمَ مَعَهَا؟
**제가 그녀와
전화 통화할 수 있을까요?**
··· 177

제16과
عِنْدِي صُدَاعٌ
저는 두통이 있습니다
··· 191

제17과
سَأُسَافِرُ إِلَى مِصْرَ فِي الْأُسْبُوعِ الْقَادِمِ
**저는 다음주에
이집트로 여행할 것입니다**
··· 203

제18과

مَبْرُوكٌ

축하합니다
··· 217

제19과

هَذَا مُنَاسِبٌ لَكِ

이것은 당신에게 적당합니다
··· 229

제20과

هَلْ حَجَزْتَ تَذْكِرَةَ الطَّائِرَةِ؟

당신은 항공권을 예약했습니까?
··· 239

부록

연습 문제 풀이 ··· 248

단어집 ··· 258

MEMO

مَرْحَبًا

학습 목표

- 만났을 때와 헤어질 때의 인사말
- 자기 소개하기
- 아랍어 문자: ي، و، ث، ت، ب، ا

말하기와 읽기

1 만날 때의 인사말

다음의 인사말은 가장 일반적인 표현으로서 시간, 장소, 대상에 상관없이 표현 가능하다. 두 인사말 모두 우리말로 "안녕하세요"라는 의미지만, *marhaban* مَرْحَبًا 은 "반갑습니다", *ahlan wa sahlan* أَهْلًا وَسَهْلًا 은 "환영합니다"의 뜻에 보다 가깝다.

위의 두 인사말은 앞뒤 순서에 상관없이 인사말을 교환할 수 있다. 단, 정식의 인사법을 따르면 *marhaban* مَرْحَبًا 에 상응하는 인사의 답은 *marhaban bi ka(ki)* (مَرْحَبًا بِكَ(بِكِ)) 이고, *ahlan wa sahlan* أَهْلًا وَسَهْلًا 에 상응하는 인사의 답은 *ahlan bi ka(ki)* (أَهْلًا بِكَ(بِكِ)) 이다. 상대방이 남자인 경우에는 *bi ka*를 여성인 경우에는 *bi ki*로 표현하면 된다.

다음은 아랍·이슬람 세계에서 가장 통용되는 인사말로서, 원래 "당신에게 평화가 있기를"로 해석되나, 의미상 "안녕하세요"의 뜻으로 사용된다.

말하기와 읽기

2 헤어질 때의 인사

아랍인은 헤어질 때 아래와 같이 *ila lliqā'* إِلَى اللِّقَاءِ "나중에 봅시다", 또는 *ma'a s-salāma* مَعَ السَّلَامَةِ "안녕히 가세요"를 사용한다. 주로 동일한 표현으로 인사말을 주고 받지만, 아래의 두 개 표현을 교차하여 주고 받을 수도 있다. *ma'a s-salāma* مَعَ السَّلَامَةِ 는 자리에 남아 있는 사람이나 떠나는 사람이 모두 사용 가능하다.

말하기와 읽기

3 자기소개 하기

첫 만남에서 자신을 소개할 경우에는, 1인칭대명사 *anā* أَنَا (나는) 또는 *ismī* اِسْمِي (나의 이름은) 뒤에 개인의 이름을 붙여 말한다.

이 때 상대방은 *tasharrafna* تَشَرَّفْنَا "처음 뵙겠습니다(영광입니다)"로 대답하면 된다.

표현과 문법

1 아랍어 문자: ا، ب، ت، ث

어두형	어중형	어말형	독립형	명칭	발음기호
ا	ـا	ـا	ا	alif	ʾ
بـ	ـبـ	ـب	ب	bāʾ	b
تـ	ـتـ	ـت	ت	tāʾ	t
ثـ	ـثـ	ـث	ث	ṯāʾ	ṯ

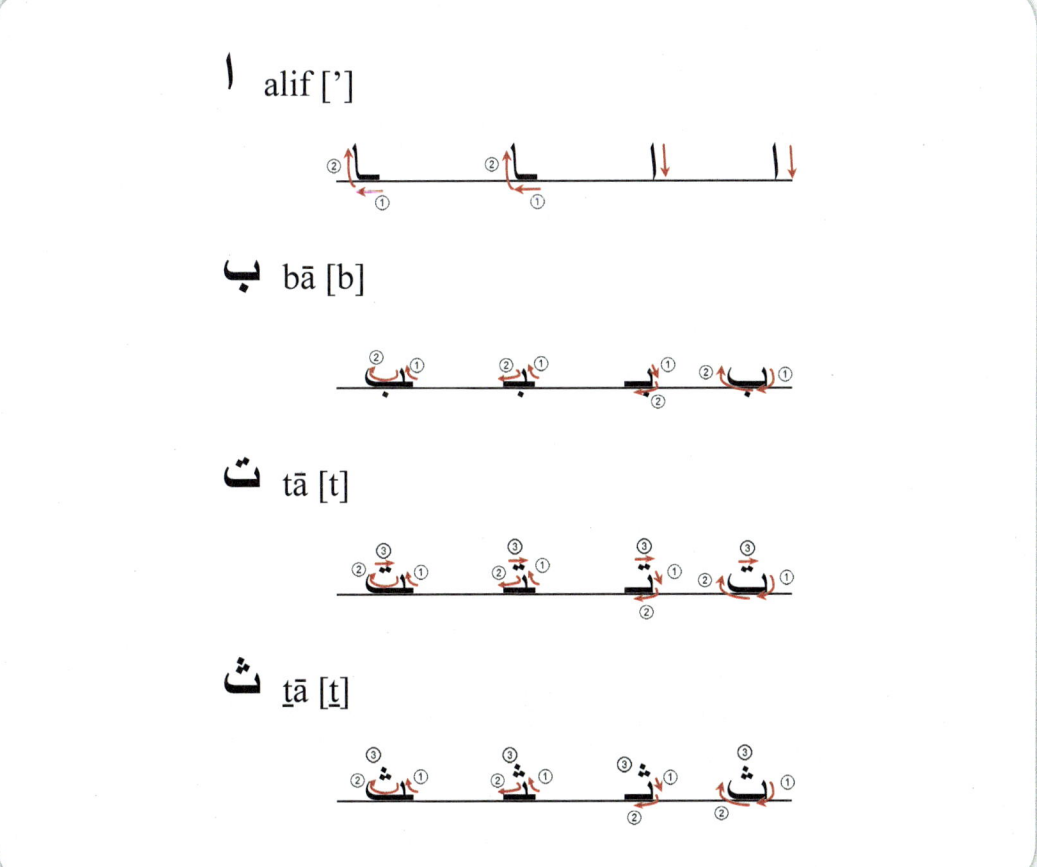

표현과 문법

(1) **alif [']** 는 아랍어의 첫 알파벳이다. <독립형>과 <어두형>은 뒤에 오는 문자와 연결하여 쓰지 않고, 위에서 아래로 일직선으로 내려 쓴다. <어중형>과 <어말형>은 앞에 오는 문자와 연결하여 써야 하기 때문에 앞의 문자와 연결되는 연장선을 그은 다음 독립형, 어두형과 반대로 아래에서 위로 올려 쓴다.

(2) **bā [b]** 는 먼저 오른쪽에서 왼쪽으로 선을 긋고 그 아래에 점 하나를 찍는다. <독립형>과 <어말형>은 선의 시작과 끝부분을 위로 올려 쓰는데 비해, <어두형>과 <어중형>은 다음에 오는 문자와 연결하여 쓰기 때문에 선 끝을 올리지 않는다. 또한 점의 위치는 독립형과 어말형은 선의 가운데 자리에 찍고, 어두형, 어중형은 선의 오른쪽 앞부분에 찍는다.

(3) **tā [t]** 는 쓰는 방법이 *bā* 와 동일하다. 단지 선 위에 두 개의 점을 찍는다. 두 점을 찍는 순서는 앞에서부터 또는 뒤에서부터 시작해도 상관없다.

(4) **tā [t]** 선의 형태는 앞의 두 문자와 동일하다. 점의 개수가 세 개가 된다는 점이 다르다. 선 위에 세 개의 점을 삼각형 모양으로 찍으며 중앙, 왼쪽 아래, 오른쪽 아래의 순서로 점을 찍는다. 점의 위치 변화는 앞의 두 문자와 동일하다.

연 습

[연습-1] 다음에서 *alif*를 모두 찾아 밑줄을 표시하시오.

اسمي احمد. وادرس في الجامعة هان كوك للدراسات الاجنبية.

[연습-2] 다음에서 *bā*를 를 모두 찾아 밑줄을 표시하시오.

سافرت إلى البحرين قبل سبع سنوات.

표현과 문법

❷ 아랍어 문자: ي، و

어두형	어중형	어말형	독립형	명칭	발음기호
و	ـو	ـو	و	wāw	w
يـ	ـيـ	ـي	ي	yā	y

아랍어 문자 و 와 ي 는 알파벳 순서 상에서 각각 27, 28번째 문자이다. و 는 알파벳 첫 문자 ا 와 함께 뒤에 오는 문자와 연결되지 않는 '분리문자'이다. و 와 ي 는 아랍어의 특징 중 하나인 '장모음'으로 활용되므로 ا 와 함께 설명한다. 장모음의 활용은 다음 과에서 설명하고, 우선 여기서는 쓰는 방법에 대해 연습한다.

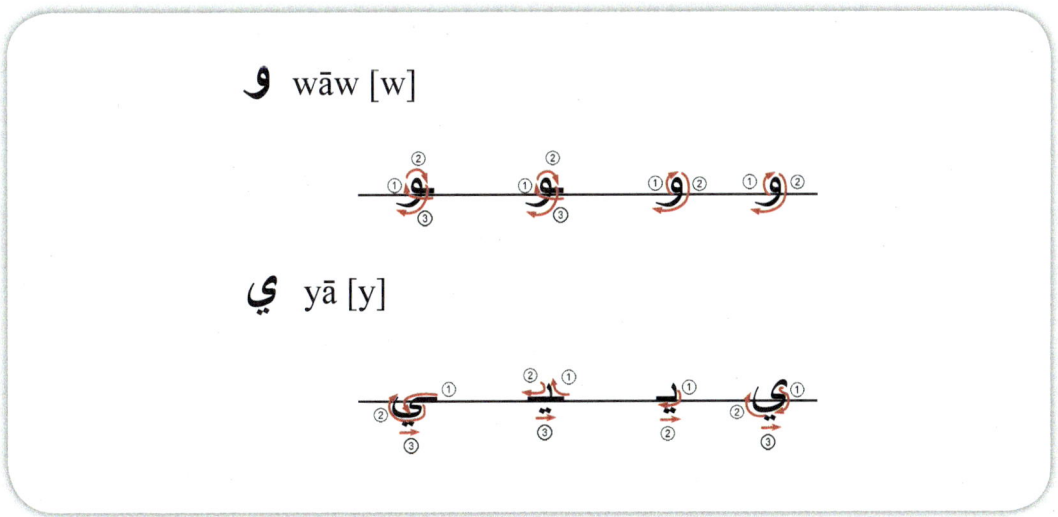

(1) **wāw [w]** 는 *alif*처럼 분리문자로서 그 형태가 다양하지 않다. <독립형>과 <어두형>은 먼저 기준선 위에 시계 방향으로 작은 원형을 만든 후 기준선 아래로 꼬리를 길게 내려 쓴다. <어중형>, <어말형>은 앞의 문자와 연결하여 독립형, 어두형과 동일하게 쓴다.

표현과 문법

(2) yā [y] 는 독립형, 어두형, 어중형, 어말형 등 위치에 따라 서로 형태가 다르므로 유의해야 한다. 하지만 위치에 따른 형태 변화에 상관없이 문자 아래에 점 두 개를 찍는다. <독립형>은 영어 알파벳 S와 흡사하며, 기준선 위에서 시작해서 아래선으로 내려 쓴 후 점 두 개를 찍는다. <어두형>은 기준선 상에 한국어 자음'니은(ㄴ)'의 반대방향으로 쓴 다음 역시 아래에 두 점을 찍는다. 여기서 중요한 것은, 문자가 기준선 아래로 내려와서는 안된다. <어중형>은 어두형과 형태가 같으나 문자의 앞과 뒤 문자와 모두 연결해서 써야 한다. 한편 <어말형>은 독립형의 형태와 비슷하지만 앞의 문자와 연결되기 때문에 앞에 오는 문자와의 연장 선상에서 영어 알파벳 S를 아래로 내려쓴다.

연습

[연습-3] 다음에서 wāw 를 모두 찾아 밑줄을 표시하시오.

في المساء، يُذَاكِرُ الاولاد دروسهم، ويشاهد أبوابهم التليفزيون.

[연습-4] 다음에서 yā를 모두 찾아 밑줄을 표시하고 독립형, 어두형, 어중형, 어말형을 구분하시오.

كان يا ما كان في قديم الزمان، كان تاجر كثير المال والاعمال.

[연습-5] 다음 문자를 연결하여 쓰시오.

❶ ب + ا + ب =   ❷ ب + ت + ث =

❸ ت + و + ث =   ❹ ت + ا + ب + ي + ث =

❺ ت + و + ب + ي + ت =   ❻ ت + و + ي + و + ت + ا =

어휘와 표현

اِسْمٌ (ج. أَسْمَاءٌ)	이름; 명사
اِسْمِي	나의 이름(은)
إِلَى اللِّقَاءِ	안녕히 가세요
أَنَا	나는
أَهْلًا	반갑습니다
اَلسَّلَامُ عَلَيْكُمْ	당신에게 평화가 있기를(인사할 때)
مَرْحَبًا	반갑습니다(인사말)
مَعَ السَّلَامَةِ	안녕히 가세요
وَعَلَيْكُمُ السَّلَامُ	اَلسَّلَامُ عَلَيْكُمْ 에 대한 대답

문화

아랍인의 인사 문화

아랍인은 인사를 매우 중요하게 생각한다. 인사를 나누는 행위를 단순한 만남과 헤어짐의 표현에 머물지 않고 상호 간의 신뢰와 교감을 확인하는 과정으로 보기 때문이다. 따라서 아랍의 인사 예절은 상당히 까다롭고, 상황별 – 만남, 헤어짐, 축하, 문병, 기침 등- 로 사용되는 인사말이 세분화되어 있으므로 이를 유의해서 학습할 필요가 있다.

아랍인은 인사를 할 때 주로 악수를 하며 이 때는 반드시 오른손 만을 사용해야 한다. 또한 남녀 동성 간, 가까운 친지는 상황에 따라서 가벼운 포옹이나 뺨에 입맞춤을 한다.

문화

이와 함께 인사를 건네거나 인사를 받을 때 가슴 위에 오른손을 올리는 경우가 종종 있다.

아랍인의 인사 예절 중 하나는, 인사를 받은 사람이 답을 할 때 인사를 먼저 한 사람의 인사말보다 의미가 크거나 길이가 더 긴 인사말을 사용한다는 점이다. 또한 대부분의 인사말이 아래와 같이 문답형식으로 거의 정형화되어 있으므로 상황별 인사말과 대답을 잘 연습할 필요가 있다.

의미	대답인사	인사말	상황
반갑습니다	مَرْحَبًا بِكَ	مَرْحَبًا	만날 때
환영합니다	أَهْلًا بِكَ	أَهْلًا وَسَهْلًا	
안녕하십니까	وَعَلَيْكُمُ السَّلَامُ	اَلسَّلَامُ عَلَيْكُمْ	
안녕히 가세요	مَعَ السَّلَامَةِ	مَعَ السَّلَامَةِ	헤어질 때
내일 만나요	إِلَى اللِّقَاءِ	إِلَى اللِّقَاءِ	
좋은 아침입니다	صَبَاحُ النُّورِ	صَبَاحُ الْخَيْرِ	오전
좋은 오후입니다	مَسَاءُ النُّورِ	مَسَاءُ الْخَيْرِ	오후
축하합니다	بَارَكَ اللهُ فِيكَ	مَبْرُوكٌ	축하
만나서 영광입니다	تَشَرَّفْنَا	تَشَرَّفْنَا	소개할 때

MEMO

أَنَا حَسَنٌ

학습 목표

- 자신과 상대의 신원 말하기
- 아랍어 문자: خ، ح، ج
- 신원 묻고 답하기
- (문법) 독립인칭대명사

말하기와 읽기

1 자신과 상대의 신원 말하기

아랍인은 자신을 소개하거나 상대방 또는 제3자의 신원을 말할 때 인칭대명사를 사용한다.

인칭대명사는 1인칭, 2인칭, 3인칭으로 구분되며, 아랍어 명사는 남녀 성이 구별되므로 2인칭과 3인칭은 남성과 여성으로 분류된다. 인칭대명사는 문장에서 주어로 활용되고 단독으로 사용되어 통상 '독립인칭대명사'로 지칭된다.

1인칭	2인칭(여)	2인칭(남)	3인칭(여)	3인칭(남)
أَنَا	أَنْتِ	أَنْتَ	هِيَ	هُوَ
나(는)	당신(은)	당신(은)	그녀(는)	그(는)

2 신원 묻고 답하기

신원을 묻고 답할 때는 의문사 *Hal* هَلْ 이 활용된다. 의문사 *Hal*이 평서문 앞에 위치하여 평서문을 의문문으로 전환하는 역할을 한다. 의문문의 제일 뒤에는

말하기와 읽기

물음표(؟)를 반드시 붙여야 하는데 그 모양이 우리가 사용하는 물음표와 그 방향이 반대이다. 한편, 실제 대화에서 의문문을 사용할 때는 제일 마지막에 오는 단어의 억양을 약간 올리는 것으로 물음표를 대신할 수 있다.

의문사 *Hal*을 활용한 의문문에 답을 할 때 긍정의 경우에는 *naʻam* نَعَمْ (예)으로 말하고, 부정의 경우에는 *lā* لَا (아니오)를 사용한다.

말하기와 읽기

연습

🎧 **[연습-1]** 녹음에서 말하는 독립인칭대명사를 순서대로 괄호 안에 쓰시오.

❶ (　) خَالِدٌ.　　　　　　❷ (　) سَمِيرَةُ.

❸ (　) طَالِبٌ.　　　　　　❹ (　) طَالِبَةٌ.

[연습-2] 위에서 완성한 표현을 의문문으로 만드시오.

❶ _____ ?　　　　❷ _____ ?

❸ _____ ?　　　　❹ _____ ?

[연습-3] 올바른 표현이 되도록 연결하시오.

❶ هَلْ أَنْتَ طَالِبٌ؟ ・　　・ (a) لَا. هُوَ كَمَالٌ.

❷ هَلْ هُوَ سَمِيرٌ؟ ・　　・ (b) لَا. أَنَا سَمِيرَةُ.

❸ هَلْ أَنْتِ لَيْلَى؟ ・　　・ (c) نَعَمْ. أَنَا طَالِبٌ.

표현과 문법

1 아랍어 문자: ج ، ح ، خ

어두형	어중형	어말형	독립형	명칭	발음기호
جـ	ـجـ	ـج	ج	jīm	j
حـ	ـحـ	ـح	ح	ḥā'	ḥ
خـ	ـخـ	ـخ	خ	ḳā'	ḳ

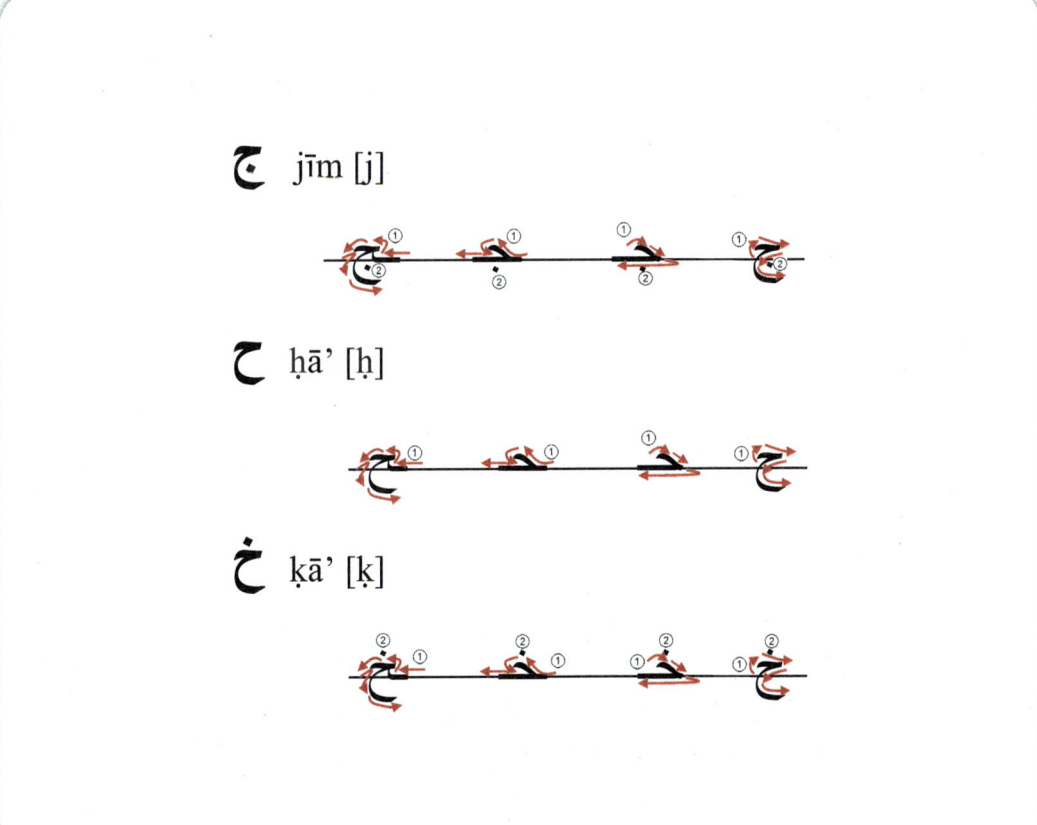

표현과 문법

(1) **jīm [j]** 은 아랍어의 다섯 번째 알파벳이다. <독립형>은 왼쪽 위에서 평행선을 그린 후 시계반대 방향으로 반원을 그리며 내려쓴다. 마지막으로 반원의 중심에 점을 찍으면 완성된다. <어두형>과 <어중형>은 독립형과 달리 문자 아래 부분의 반원이 없으며, 그 대신 뒤에 오는 문자와 연결 가능하도록 평행선을 연장해서 그린 다음 선 밑에 점을 찍으면 완성된다. <어말형>은 독립형과 모양이 같지만 단지 앞의 문자와 연결해서 쓴다.

(2) **ḥā' [ḥ]** 는 *jīm*의 독립형, 어두형, 어중형, 어미형과 그 형태가 동일하며, 다른 점은 *jīm*에서 사용된 점이 없다.

(3) **k̲ā' [k̲]** 는 *ḥā'* 의 독립, 어두, 어중, 어말형과 동일하게 쓴 후 제일 윗 쪽 가운데 부분에 점 하나를 찍으면 완성된다.

연습

[연습-4] 다음에서 *jīm, ḥā, k̲ā*를 구별하여 밑줄 표시하시오.

يحبّ أن يحضر خالد الجامعة في يوم الخميس هذا بسبب الاجتماع.

[연습-5] 다음 문자를 연결하여 쓰시오.

❶ ت + ج + ي + ب =   ❷ ا + ج + ا + ب =

❸ ح + ج + ا + ب =   ❹ ح + ح + ا + ج =

❺ ا + خ + ي =   ❻ خ + ب + ي + ث =

표현과 문법

2 단모음과 장모음

아랍어의 모음에는 단모음 3개, 장모음 3개, 이중모음 2개가 있다. 본 과에서는 단모음과 장모음을 설명하고 발음을 익힌다.

- 단모음

아랍어는 3개의 단모음을 가지고 있다. 단모음은 장모음과 이중모음의 기초가 되며, 그 음가는 한국어 모음의 '아', '우', '이'에 가깝다. 그러나 우리말의 경우 자음 뒤에 모음이 직접 결합하여 발화하지만, 아랍어의 단모음은 자음의 위 또는 아래에 표기된다. 단모음의 명칭, 부호, 음가, 표기 방법은 아래와 표와 같다.

명칭	부호	음가	예
fatḥa	ˉ	a (ㅏ)	بَ ba
ḍamma	ˊ	u (ㅜ)	بُ bu
kasra	ˍ	i (ㅣ)	بِ bi

아랍어 단모음은 각각 명칭을 갖고 있다. 명칭은 모음의 발화 시 입 모양 또는 특징을 묘사한 것이다.

(1) **fatḥa** ˉ 는 아랍어 동사 *fataḥa*(열다)에서 파생된 명사로서 발음 시 입을 크게 벌리는 것을 표현한다. 명칭이 가리키듯 *fatḥa*는 입을 크게 벌리고 입 앞쪽에서 소리를 내는 모음이다. 한국어의 전두음 '아'와 흡사하다. *fatḥa*를 쓸 때는 자음의 위 쪽에 45도 각도의 작은 사선 모양을 그어 표기한다.

연습

[연습-6] 다음 *fatḥa*를 따라 쓰고, 올바르게 발음하시오.

표현과 문법

(2) ḍamma ُ 는 아랍어 동사 *damma*(모으다)에서 비롯된 명사로서 발음 시 위와 아래 입술을 모으는 현상을 묘사한 것이다. 영어 단어 *booth*의 '*oo*'또는 한국어 모음 '우'와 흡사하다. 표기는 아랍어 자음 *wāw*와 유사한 모양으로 자음의 위 쪽에 작은 원을 그린 다음 원의 아래 쪽에서 약 45도의 작은 사선을 그린다.

연습

[연습-7] 다음 *ḍamma*를 따라 쓰고, 올바르게 발음하시오.

ُ   ُ   ُ   ُ   ُ

(3) kasra ِ 는 아랍어 동사 *kasara*(깨다, 찢다)로부터 파생된 명사로서, 발음 시 위와 아래 입술을 서로 양 옆으로 찢는 모양을 표현한 명칭이다. 발음은 영어 단어 *keep*의 '*ee*'또는 한국어 모음 '이'와 유사하다. 표기할 때 모양은 *fatḥa*와 동일하지만 자음의 위쪽이 아닌 아래에 표기한다.

연습

[연습-8] 다음 *kasra*를 따라 쓰고, 올바르게 발음하시오.

ِ   ِ   ِ   ِ   ِ

[연습-9] 다음의 문장에서 단모음 *fatḥa, ḍamma, kasra*를 구분하고, 각각 몇 개가 사용되었는지 말하시오.

يُحَاوِلُ الإِنْسَانُ أَنْ يَصْنَعَ الأَشْيَاءَ الَّتِي يَحْتَاجُ إِلَيْهَا فِي حَيَاتِهِ.

[연습-10] 다음의 단어를 따라 쓰고, 단모음에 유의하며 정확하게 읽으시오.

❶ بَثَثْتُ   بَثَثْتِ   ❷ أَخُ   أَخْ

❸ تُجِبُ   تُجِبْ   ❹ يَحْتَجُ   يَحْتَجْ

표현과 문법

- **장모음**

아랍어는 장모음이라는 독특한 모음 체계를 가진다. 장모음은 모두 3개가 있고 단모음 *a, u, i*와 비교할 때 발화 길이가 1.5배 정도 연장되므로 각각 *ā, ū, ī* 로 음가를 표기한다. 장모음을 시각적으로 구별할 수 있도록 아랍어 자음 *alif, wāw, yā*를 활용한다. 따라서 앞의 자음 3개는 상황에 따라 자음과 장모음으로 활용되므로 주의해서 학습할 필요가 있다.

부호	음가	예
ـَـا	ā (ㅏ)	بَا bā
ـُو	ū (ㅜ)	بُو bū
ـِي	ī (ㅣ)	بِي bī

아랍어는 영어의 강약, 중국어의 고저, 한국어의 장단 등과 같이 단·장모음을 활용하여 고유한 리듬을 만든다. 또한 동일한 자음의 배열이더라도 단모음과 결합하는지 장모음과 결합하는지에 따라 단어의 의미가 달라지므로 단·장모음을 정확하게 구별하여 듣고 올바르게 발음하는 것이 중요하다.

한편 *alif, wāw, yā*는 단어의 제일 앞에 위치하거나, 자신의 모음을 가질 때는 자음으로 활용되고, "다른 자음 뒤에 연결되어 쓰이면서 자신의 위와 아래에 단모음이 표기되지 않은 경우"는 장모음을 표기하는데 사용된 것이다.

연 습

🎧 **[연습-11]** 단모음과 장모음을 잘 구별하면서 단어를 듣고 따라 읽으시오.

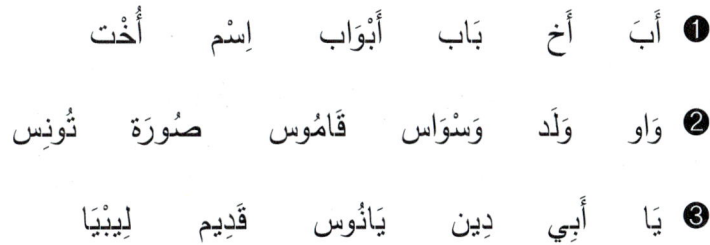

어휘와 표현

하산(남자이름)	حَسَنٌ
사미라(여자이름)	سَمِيرَةُ
학생(남)	طَالِبٌ
학생(여)	طَالِبَةٌ
카말(남자이름)	كَمَالٌ
아니오	لَا
라일라(여자이름)	لَيْلَى
예, 네	نَعَمْ
…입니까?(의문사)	هَلْ

문화

아랍인의 이름

구분	이름
남자이름	سَالِمٌ، سَمِيرٌ، أَمِيرٌ، كَرِيمٌ، خَالِدٌ، حَسَنٌ، عَلِيٌّ، وَلِيدٌ، مُصْطَفَى
여자이름	سَالِمَةُ، سَمِيرَةُ، أَمِيرَةُ، كَرِيمَةُ، فَاطِمَةُ، لَيْلَى، هُدَى
이슬람식 이름	مُحَمَّدٌ، حَامِدٌ، أَحْمَدُ، عَبْدُ اللهِ، عَبْدُ الْكَرِيمِ، عَبْدُ الرَّحْمَانِ
예언자의 이름	يُوسُفُ، مُوسَى، إِبْرَاهِيمُ، مَرْيَمُ

아랍인은 남자와 여자 이름을 구별하여 사용한다. 남녀 이름을 구별할 수 있는 가장 쉬운 방법은 대체로 이름의 제일 뒤에 여성표지어 타마르부타(ة) 또는 (ى)가 있다. 또한 아랍인은 아래와 같이 이슬람식 이름과 함께 성경이나 코란에 등장하는 예언자의 이름(요셉, 모세, 아브라함, 마리아)도 종종 사용한다.

MEMO

صَبَاحُ الْخَيْرِ

학습 목표

- 오전, 오후 인사하기
- 아랍어 문자: د، ذ، ر، ز
- 안부 묻고 답하기
- (문법) 의문사 كَيْفَ

말하기와 읽기

1 오전, 오후 인사하기

아랍인은 시간, 장소, 상황에 따라 인사말이 서로 다르다. 오전과 오후에 나누는 인사 표현 또한 각각 있다. 오전 인사말은 *SabāHul khayri* صَبَاحُ الْخَيْرِ (좋은 아침), *SabāHun nuurri* صَبَاحُ النُّورِ (대답; 좋은 아침)이다. 한편 오후 인사말은 *masāul khayri* مَسَاءُ الْخَيْرِ (좋은 오후), *masāun nuurri* مَسَاءُ النُّورِ (대답; 좋은 오후)로서 구성과 의미는 아침 인사말과 동일하다.

말하기와 읽기

❷ 안부 묻고 답하기

아랍인 또한 인사말을 교환한 후에 상대방 또는 상대방의 친지나 친구의 안부를 묻고 답한다.

이 때 특이한 것은, khayfal ḥālu? كَيْفَ الْحَالُ(어떻게 지내세요?)라고 안부인사를 하면 자신의 안부를 말할 때, 'ana bikhayrin أَنَا بِخَيْرٍ (나는 잘 지냅니다)을 말한 다음 거의 예외 없이 alḥamdu lilāhi اَلْحَمْدُ للهِ (알라에게 영광이 있기를, 알라에게 찬미를)이라는 종교적 의미의 관용어구를 덧붙인다는 점이다. 본인은 잘 지내고 있으며, 이것은 모두 절대자 알라의 뜻에 따른 것으로 알라에게 영광과 찬미를 보낸다는 뜻이다.

'알라에게 영광이 있기를' 이 표현은 안부 인사 외에도 차 대접, 식사 초청을 받아 감사의 마음을 표할 때, 배불리 먹어 더 이상 음식을 먹을 의사가 없음을 알리고자 할 때 사용할 수 있다. 이 표현을 하지 않으면, 아랍인들은 차와 음식을 계속해서 제공하는 것이 일반적이다.

표현과 문법

1 의문사 كَيْفَ

의문사 *khayfa* كَيْفَ (어떻게)는 영어의 *How*와 거의 동일하게 활용된다. 예를들어 *khayfal jawwul yawma?* كَيْفَ الْجَوُّ الْيَوْمَ ؟ (오늘 날씨가 어때요?)에서와 같이 (날씨, 몸, 사물 등의)상태, 상황, 방법 등을 물을 때 사용된다.

연습

🎧 **[연습-1]** 녹음에서 말하는 표현을 듣고 괄호 안에 알맞은 단어를 쓰시오.

❶ (　) الْحَالُ؟ ❷ مَسَاءُ (　).

❸ (　) الْخَيْرِ. ❹ أَنَا بِخَيْرٍ، (　) للهِ.

[연습-2] 올바른 표현이 되도록 연결하시오.

(1). مَسَاءُ الْخَيْرِ. ・　・(a) صَبَاحُ النُّورِ.

(2). صَبَاحُ الْخَيْرِ. ・　・(b) أَنَا بِخَيْرٍ.

(3). كَيْفَ الْحَالُ؟ ・　・(c) مَسَاءُ النُّورِ.

표현과 문법

2 아랍어 문자: د، ذ، ر، ز

어두형	어중형	어말형	독립형	명칭	발음기호
د	ـد	ـد	د	dāl	d
ذ	ـذ	ـذ	ذ	d̲āl	d̲
ر	ـر	ـر	ر	rā'	r
ز	ـز	ـز	ز	zāy	z

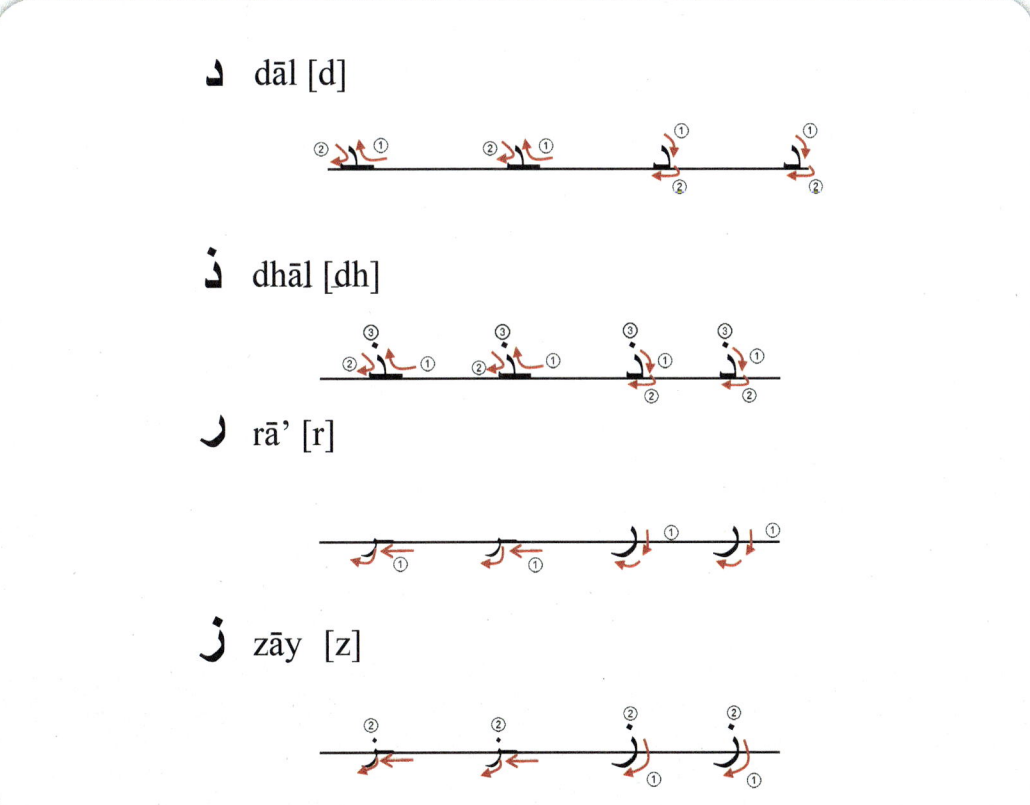

표현과 문법

(1) **dāl [d]** 은 아랍어의 여덟 번째 문자이며, 뒤에 오는 단어와 연결되어 쓰지 않는 '분리문자'이다. 따라서 독립, 어두, 어중, 어말형의 형태변화가 거의 없다. 문자의 모양은 정삼각형의 오른쪽 모서리 부분을 그리는 것과 비슷하며, 중요한 것은 문자가 기준선 아래로 내려와서는 안된다는 점이다.

(2) **dhāl [dh]** 은 *dāl*과 함께 분리문자로서 뒤에 오는 문자와 연결되지 않으며, *dāl*과 똑같은 모양으로 쓴 후 꼭지점에 점 하나를 찍으면 완성된다.

(3) **rā' [r]** 또한 분리문자이다. *rā'*는 기준선에서 시작해서 왼쪽으로 약간 휘면서 아래로 내려쓴다. 이 때 문자가 기준선 위로 올라가지 않도록 주의해야 한다. *dāl*, *dhāl*과 구별하여 쓰기 연습을 하면 도움이 된다.

(4) **zāy [z]** 또한 분리문자이다. *zāy*는 그 모양이 *rā'*와 동일하며 위에 점이 하나 있다는 것이 서로 다르다. *zāy*도 *rā'*처럼 문자가 기준선 위로 올라가지 않도록 주의해야 한다.

연습

[연습-3] 다음에서 *dāl, dhāl, rā', zāy*를 구별하시오.

كتب أحمد رسالة لزميله. وذهب إلى مكتب البريد لإرسالها له.

[연습-4] 다음 문자를 연결하여 쓰시오.

❶ أ + د + ب =

❷ د + ج + ا + ج =

❸ ن + ب + ذ + ب =

❹ ب + ي + ذ + ج + ت =

❺ ر + ي + ح =

❻ ج + ا + ر + و + خ =

❼ ج + و + ز =

❽ ب + ي + ز + ت + ا =

표현과 문법

3 아랍어 부호: sukūn سُكُونٌ

ْ

تَحْتَ   تُبْتِ   بُخْتِي

sukūn은 문자 위에 작은 원으로 표시된다. sukūn은 원래 '침묵'이란 뜻을 가진 단어로서 sukūn이 표기된 자음이 어떠한 모음(a, u, i)도 갖지 않음을 가리키는 모음 부호로 사용된다. sukūn의 음가는 아래의 표와 같이 한글의 모음에서 'ㅡ'에 해당한다.

بَ	بْ	تُ	تْ	دِ	دْ
ba	b	tu	t	di	d
바	브	투	트	디	드

연습

[연습-5] 다음에서 sukūn이 표시된 문자를 찾아 밑줄 표시를 하고, 올바르게 읽으시오.

فِي الْبَيْتِ غُرْفَةُ النَّوْمِ وَالْمَطْبَخُ وَالْمَغْسِلُ.

[연습-6] 다음의 문자를 읽고, <보기>와 같이 그 발음 기호를 쓰시오.

어휘와 표현

بِخَيْرٍ	좋습니다
جَوٌّ	날씨
حَالٌ	상태, 상황
حَمْدٌ	영광
خَيْرٌ	좋음
صَبَاحٌ	아침
كَيْفَ	어떻게(의문사)
لَطِيفٌ	상쾌한, 쾌청한
لله	알라에게
مَسَاءٌ	오후
نُورٌ	빛, 밝음
اَلْيَوْمَ	오늘

문화

아랍인의 인사 문화

아랍인은 의사표현을 말이 아닌 몸짓, 행동 등 신체 언어를 사용하는데 익숙하다. 물론 이러한 신체 언어가 지역별, 상황별로 조금씩 차이가 있다는 점은 주의해야 한다. 하지만 아랍인과의 대화 중에 신체 언어를 적절히 활용한다면 문화적 거리감을 좁히고 친밀도를 높일 수 있는 좋은 수단이 될 것이다. 대표적인 신체 언어는 다음과 같다.

감사합니다 · 괜찮습니다 · 됐습니다

오른손 손바닥을 가슴에 대는 행동은, 신체 언어로서 "감사합니다", "괜찮습니다", "됐습니다"의 의미를 가리킨다.

아니오 · 그렇게 하지 마세요

오른손의 검지 손가락을 좌우로 흔드는 동작은 "아니오" 또는 "그렇게 하지 마세요, 그렇게 하면 안돼요(금지)"를 의미한다.

천천히 · 서둘지 마세요 · 잠시 기다리세요

오른손 손가락을 자연스럽게 모아 아래위로 약간씩 흔드는 동작을 하면 "천천히", "서둘지 마세요", "잠시 기다리세요"를 의미한다. 이 때 가장 많이 사용하는 언어 표현은 *suwayah* شُوَيَةٌ 이다.

MEMO

مِنْ أَيْنَ أَنْتَ؟

학습 목표

- 국적과 출신 묻고 답하기
- 아랍어 문자: أ، ض، ص، ش، س
- (문법) 의문사 أَيْنَ

말하기와 읽기

1 국적 묻고 답하기

아랍어로 국적 묻고 답하기는 간단한 문장으로 활용된다. 국적을 물을 때는 전치사 *min* "مِنْ"(..로부터)과 의문사 *ayna* "أَيْنَ" (어디에) 그리고 상대방과 제3자에 해당하는 독립인칭대명사로 구성된다. 국적을 답할 때는 독립인칭대명사, 전치사 *min* "مِنْ" 다음으로 국가명 순서로 구성하여 표현한다.

국적을 묻는 상대방이 남성일 때는 2인칭 독립인칭대명사 남성형 *anta* "أَنْتَ", 여성일 때는 여성형 *anti* "أَنْتِ"를 활용하고, 제3자의 국적을 묻고 답할 때는 3인칭 독립인칭대명사 남성형 *huwa* "هُوَ" 와 여성형 *hiya* "هِيَ" 를 활용한다.

말하기와 읽기

2 출신 묻고 답하기

출신 묻고 답할 때는 국적 묻고 답하기와 동일한 문장 구성을 취한다. 단지 국가명을 대신하여 출신지(마을, 지역 등)를 말하면 된다.

표현과 문법

1 의문사 أَيْنَ

장소를 묻고 답할 때는 의문사 *ayna* "أَيْنَ"가 활용된다. *ayna* "أَيْنَ"는 의문사로서 문장의 제일 앞에 오고 그 다음으로 묻고자 하는 장소의 명사가 뒤이어 위치한다. 대답을 할 때는 전치사 *fī* "فِي"(~에) 를 활용하여 말한다.

"…는(은) ~에 있다."의 표현과 같이 위치를 답할 때는 전치사 *fī* "فِي"(~에 있는) 를 말한 다음 장소를 말하면 된다.

표현과 문법

연 습

[연습-1] 빈칸에 들어갈 알맞은 말을 쓰시오.

❶ A: أَيْنَ هِيَ؟

B: هِيَ ( ) كُورِيَا.

❷ A: مِنْ أَيْنَ سَمِيرٌ؟

B: سَمِيرٌ ( ) الْكُوَيْتِ.

❸ A: مِنْ أَيْنَ أَنْتِ؟

B: ( ) مِنْ سِيُول.

2 아랍어 문자: أ، ض، ص، ش، س

어두형	어중형	어말형	독립형	명칭	발음기호
سـ	ـسـ	ـس	س	sīn	s
شـ	ـشـ	ـش	ش	šīn	š
صـ	ـصـ	ـص	ص	ṣād	ṣ
ضـ	ـضـ	ـض	ض	ḍād	ḍ
أ	ـا	ـا	أ	alif hamzah	a

표현과 문법

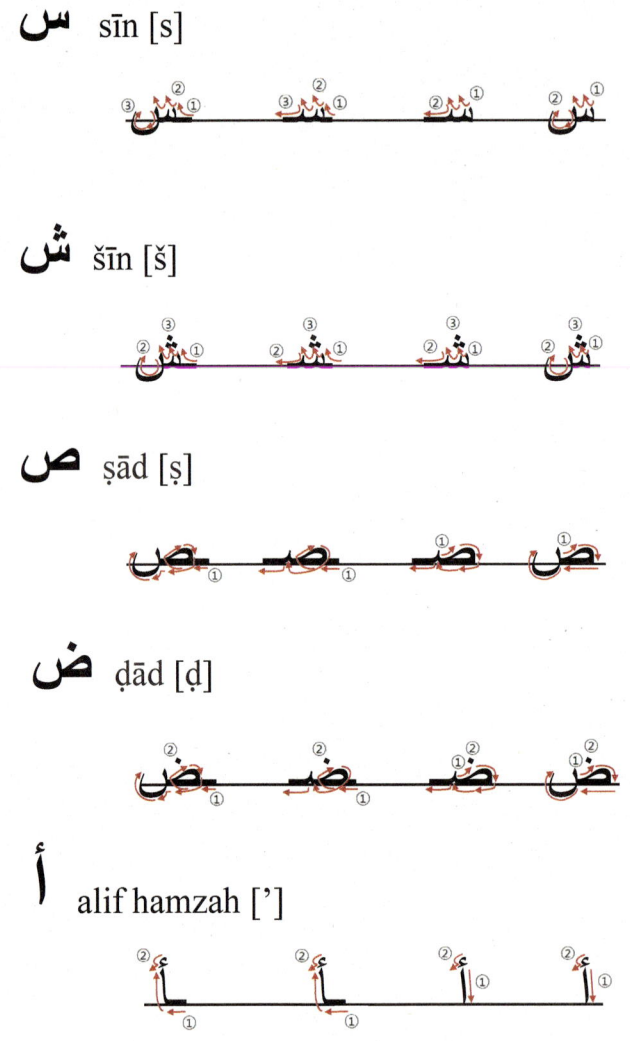

표현과 문법

아랍어 첫번째 자음 *alif hamzah*(أ)는 *alif*(ا) 위에 *hamzah*(ء)가 결합한 형태이며 *hamzah*는 단어 내의 위치에 따라 고유한 받침을 가진다. 또한 *hamzah*는 단독으로 사용되기도 한다.

함자받침	단어 예시	함자받침	단어 예시
ء	مَاءٌ	أ	أُسْرَةٌ
ؤ	سُؤَالٌ	ئ	شَاطِئٌ
ئـ	سَائِلٌ	ئـ	أَسْئِلَةٌ

연습

[연습-2] 다음에서 sīn, šīn, ṣād, ḍād 를 구별하여 찾으시오.

يسكن البدو في الخيام ويتنقّلون في الصحراء. وهم مشهورون بالكرم، ويرحّبون بالضيوف كثيرا.

[연습-3] 다음 문자를 연결하여 쓰시오.

❶ ص + د + ر =
❷ س + م + ك =
❸ ش + ر + ب =
❹ ص + د + ي + ق =
❺ م + ش + ه + و + ر =
❻ س + ي + ف =

어휘와 표현

	어디에	أَيْنَ
	바그다드	بَغْدَادُ
	집	بَيْتٌ
	베이루트	بَيْرُوتُ
	이라크	اَلْعِرَاقُ
	대한민국	كُورِيَا
	..로부터	مِنْ

문화

아랍 국가

일반적으로 아랍 국가는 아라비아 반도와 레반트, 그리고 북아프리카 지역에 위치한 아랍어를 공용어로 사용하며 민족, 문화적으로 공통점을 가진 국가들을 일컫는다. 주로 1945년 설립된 아랍연맹(Arab League)에 속해있는 22개 국가들을 공식적으로 아랍 국가라고 말한다. UN 옵저버 국가 자격을 가지고 있는 팔레스타인도 아랍 국가에 포함되며, 2011년 시리아는 내전으로 아랍 국가 자격정지 처분을 받은 상태이다.

아랍 국가의 인구는 약 4억5천만 명이며 정치구조는 공화국, 군주국, 연합국 등 다양하다. 경제수준도 나라마다 상이하여 아주 부유하고 현대화된 라이프스타일을 가진 나라가 있는 반면, 아직 경제적으로 어렵고 개발이 뒤쳐진 나라도 있다.

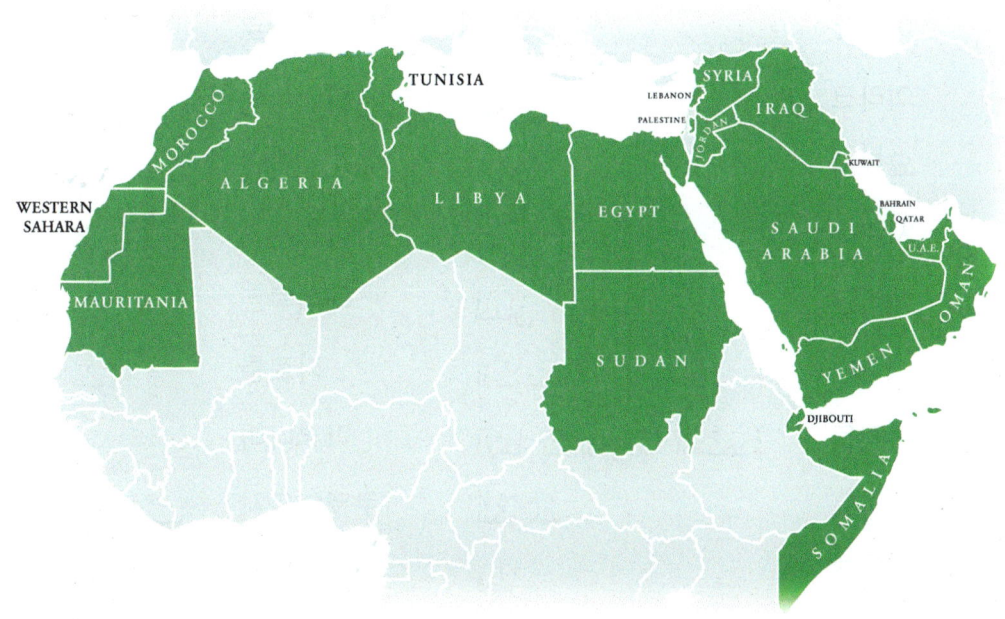

문화

아래의 <표>는 아랍 세계의 국가와 수도이다.

국가		수도	
사우디아라비아	اَلْمَمْلَكَةُ الْعَرَبِيَّةُ السُّعُودِيَّةُ	리야드	اَلرِّيَاضُ
이집트	مِصْرُ	카이로	اَلْقَاهِرَةُ
이라크	اَلْعِرَاقُ	바그다드	بَغْدَادُ
요르단	اَلْأُرْدُنُّ	암만	عَمَّانُ
시리아	سُورِيَا	다마스쿠스	دِمَشْقُ
레바논	لُبْنَانُ	베이루트	بَيْرُوتُ
수단	اَلسُّودَانُ	카르툼	اَلْخَرْطُومُ
아랍에미리트	اَلْإِمَارَاتُ الْعَرَبِيَّةُ الْمُتَّحِدَةُ	아부다비	أَبُو ظَبْيِ
쿠웨이트	اَلْكُوَيْتُ	쿠웨이트시	مَدِينَةُ الْكُوَيْتِ
카타르	قَطَرُ	도하	اَلدَّوْحَةُ
바레인	اَلْبَحْرَيْنِ	마나마	اَلْمَنَامَةُ

문화

국가		수도	
오만	عُمَانُ	무스카트	مُسْقَطُ
예멘	اَلْيَمَنُ	사나	صَنْعَاءُ
튀니지	تُونِسُ	튀니스	تُونِسُ
모로코	اَلْمَغْرِبُ	라바트	اَلرِّبَاطُ
알제리	اَلْجَزَائِرُ	알제	اَلْجَزَائِرُ
리비아	لِيبِيَا	트리폴리	طَرَابُلُسُ
팔레스타인	فِلَسْطِينُ	예루살렘 라말라(임시행정수도)	اَلْقُدْسُ رَامُ اللهِ
모리타니아	مُورِيتَانِيَا	누왁슈트	نُوَاكْشُوطُ
소말리아	اَلصُّومَالُ	모가디슈	مُوقَادِيشُو
지부티	جِيبُوتِي	지부티	جِيبُوتِي

MEMO

عِنْدِي أَخٌ

학습 목표

- 가족 소개 하기
- 아랍어 문자: ط، ظ، ع، غ
- 소유의 표현
- (문법) 위치와 관련한 전치사

말하기와 읽기

1 가족 소개 하기

아랍 사회는 아직 대가족이 중심을 이루고 있다. 물론 현대화가 진행되면서 핵가족화 현상도 나타나고 있지만, 아랍인들은 개인보다 가족을 우선시한다. 그렇기 때문에 아랍인들의 대화에서 상대방 가족의 안부를 묻고 답하는 것이 자연스럽다. 다음은 가족과 관련된 어휘들이다.

할아버지	جَدٌّ	할머니	جَدَّةٌ
아빠	أَبٌ	엄마	أُمٌّ
형제	أَخٌ	자매	أُخْتٌ

가족 구성원 각각을 소개할 때는 지시대명사 남성형 *hadha* هَذَا(이것은, 이 사람은) 또는 여성형 *hadhihi* هَذِهِ가 활용된다.

말하기와 읽기

연습

🎧 **[연습-1]** 녹음에서 말하는 표현을 듣고 괄호 안에 알맞은 단어를 쓰시오.

❶ ( ) جَدَّة.　　❷ ( ) أَبٌ.

❸ ( ) أَخٌ.　　❹ ( ) أُخْتٌ.

2 소유의 표현

아랍인들은 소유의 표현(…을 가지고 있다)을 할 때 전치사 'inda "عِنْدَ"를 활용한다. 이 전치사는 원래 '…에(at)'를 뜻하지만, 그 뒤에 접미인칭대명사 1인칭 ī "ي" (나의)를 붙여 'indī (عِنْدِي 나는 가지고 있다), 2인칭 남성 ka "كَ"(너의) 또는 2인칭 여성 ki "كِ"를 붙여 'indaka(ki), (كِ)عِنْدَكَ "당신은 가지고 있다"의 의미로 사용한다.

연습

[연습-2] 대화의 상황을 고려하여 밑줄에 올바른 표현을 쓰시오.

❶ كَمَالٌ : هَلْ _____ أُخْتٌ؟　　سَمِيرَةُ : نَعَمْ.

❷ فَاطِمَةُ : هَلْ _____ جَدٌّ؟　　حَسَنٌ : لَا.

❸ حَسَنٌ : هَلْ عِنْدَكَ جَدَّةٌ؟　　سَمِيرٌ : نَعَمْ. _____ جَدَّةٌ.

표현과 문법

1 위치 관련 전치사

아래와 같이 위치를 나타낼 때는 전치사 fī في를 활용하여 말한다.

이 외에 위치를 표현할 때 활용되는 전치사(구)는 다양하며, 아래의 표와 같다.

뒤에	خَلْفَ	앞에	أَمَامَ
위에	فَوْقَ	위에	عَلَى
옆에	بِجَانِبِ	아래에, 밑에	تَحْتَ

표현과 문법

연습

[연습-3] 다음의 그림을 보고 알맞은 전치사를 괄호 안에 쓰시오.

❶ اَلْكُرَةُ _____ الْمَكْتَبِ.

❷ اَلْكُوبُ _____ الْمَائِدَةِ .

❸ حَسَنٌ _____ السِّينَمَا.

❹ اَلطَّالِبَةُ _____ الْمَكْتَبَةِ.

연습

[연습-4] 그림을 보면서 녹음된 표현을 따라서 말하시오.

❶ حَسَنٌ فِي الْغُرْفَةِ.

❷ اَلْقَلَمُ وَالْكِتَابُ عَلَى الْمَكْتَبِ.

❸ اَلْقَلَمُ تَحْتَ الْكِتَابِ.

❹ اَلْحَقِيبَةُ بِجَانِبِ الْمَكْتَبِ.

표현과 문법

2 아랍어 문자: غ ،ع ،ظ ،ط

어두형	어중형	어말형	독립형	명칭	발음기호
ط	ط	ط	ط	ṭā'	ṭ
ظ	ظ	ظ	ظ	ẓā'	ẓ
ع	ع	ع	ع	'ayn	'
غ	غ	غ	غ	ġayn	ġ

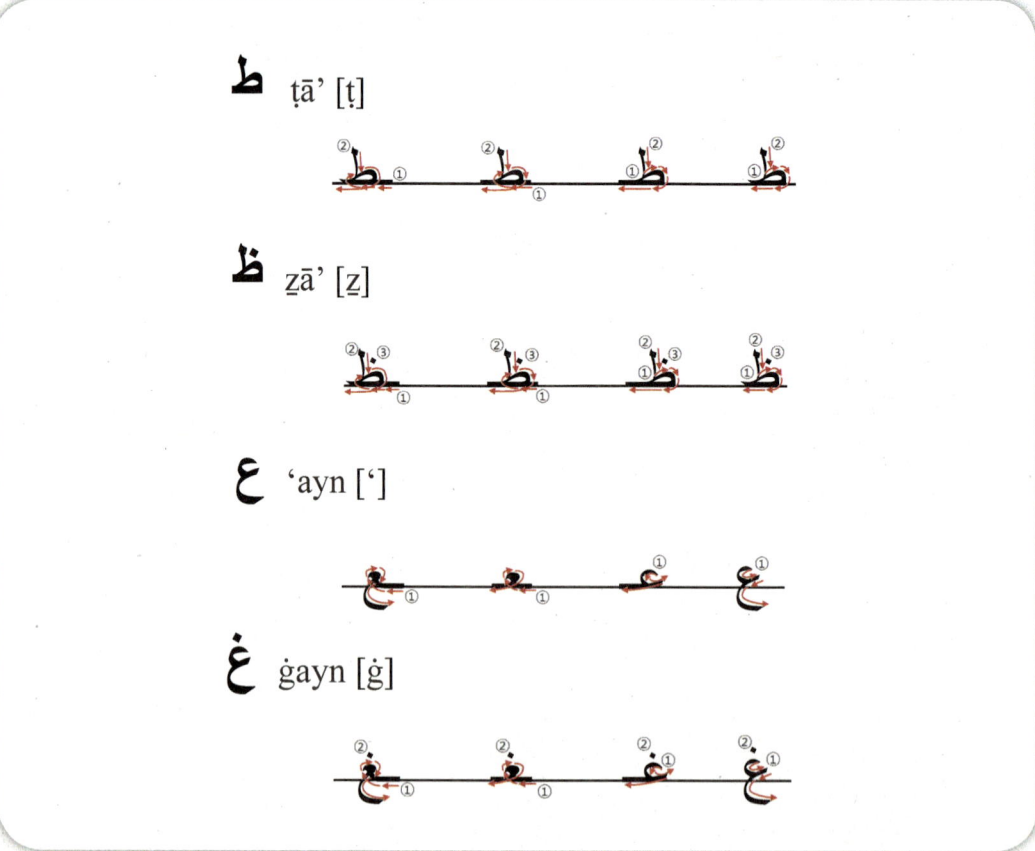

표현과 문법

연습

[연습-5] 다음에서 ṭā', 'ayn, ġayn를 구별하여 찾으시오.

في الغذاء، ذهب سعيد إلى المطعم العربيّ. وأكل طعاما مغربيّا "طاجن".

[연습-6] 다음 문자를 연결하여 쓰시오.

❶ ة + ف + ر + غ =
❷ د + ا + ع + س =
❸ ر + ط + س =
❹ ء + ا + ش + ع =
❺ ا + ط + ا + ط + ب =
❻ ر + ي + غ + ص =

❸ 아랍어 부호 '샷다': ّ shadda

아랍어에는 모음 부호 외에도 발음 보조 장치로서 몇 가지 부호가 있다. shadda "اَلشَّدَّةُ" (중복자음표기)는 동일한 자음이 연이어 올 경우에 사용되는 부호이다. 단, 앞의 자음에는 모음이 없고(수쿤 상태) 뒤의 자음에 모음이 있을 때만 shadda 사용이 가능하다. shadda는 모음 a, u, i와 함께 사용된다. a, u는 shadda의 위에 표기하며, i는 shadda 아래에 쓴다.

표현과 문법

دَرَّجَ	دَ رْ رَ جَ
شَمَّ	شَ مْ مُ
سَيِّدٌ	سَ يْ يِ دٌ

같은 자음이 연달아 오는 경우라도 앞 자음이 모음을 가지면 *Shadda*로 표기하지 않습니다.

'ususun "أُسُسٌ" (기초, 근간), 'umamun "أُمَمٌ" (국가들)

연습

 [연습-7] 다음 단어의 샷다에 주의하면서 녹음을 따라 읽으시오.

❷ بُدَّ   ❶ بَطِّيخٌ

❹ حَارٌّ   ❸ جَيِّدٌ

어휘와 표현

أَبٌ	아버지
أَخٌ	형
أُخْتٌ	누이
أُمٌّ	어머니
أَمَامَ	앞에
بِجَانِبِ	옆에
تَحْتَ	아래에
جَدٌّ	할아버지
جَدَّةٌ	할머니
حَقِيبَةٌ	가방
خَلْفَ	뒤에
سِينَمَا	영화관, 극장
عَلَى	위에
اَلْغُرْفَةُ	방
فَوْقَ	위에
قَلَمٌ	연필, 펜
كِتَابٌ	책
كُوبٌ	컵
مَكْتَبٌ	책상, 사무실

문화

아랍의 주거 문화

아랍의 주거문화는 지역별로 자연환경과 생활방식에 따라 차이가 있다. 아랍인들은 생활방식에 따라 유목민, 정착 농경민, 도시민으로 크게 나눌 수 있다.

문화

유목민은 목초지를 따라 이동하는 특성 때문에 조립과 해체가 편리한 천막 형태의 주거생활을 선호한다. 정착 농경민들은 자연환경에 따라 주변에서 쉽게 구할 수 있는 재료로 집을 지어 거주한다. 일반적으로 비가 드물고 무더운 외부 온도를 차단하기 위해 잘게 썬 짚과 진흙을 반죽하여 만든 찰흙 벽돌을 쌓아 집을 짓고 모래바람 때문에 문을 작게 두는 특징이 있다. 도시민들은 '메디나'라고 부르는 도심권을 중심으로 주거문화권을 형성한다. 주로 상권을 형성하는 '시장(수끄)', '이슬람사원(모스크)'과 이슬람식 학교가 있는 공공지역, 그 옆으로 좁은 골목길에 미로처럼 얽혀 주거지역이 형성된다. 도심권의 집들은 거리로부터 완전히 차단된 마당이나 정원을 중심으로 방들이 사방으로 퍼져 있다.

현대에는 도시 인구 과밀화 현상으로 아파트 시설을 확충하여 주택난을 해결하려는 국가 계획이 수립되어 서구식 도시계획과 건축 기술의 도입으로 도시의 모습이 급격하게 변모하고 있다.

MEMO

هَلْ أَنْتَ طَالِبٌ؟

학습 목표

- 직업 묻고 답하기
- 아랍어 문자: ف ، ق ، ك ، ل ، ة
- 학교와 관련한 표현 학습하기
- (문법) 지시대명사

말하기와 읽기

1 직업 묻고 답하기

직업을 묻고 답할 때 의문사 hal "هَلْ"을 활용할 수 있다. 주로 "당신은 …(직업) 입니까?"로 묻고, 그 대답으로 예 (نَعَمْ)또는 아니오(لَا)를 말할 수 있다. 직업과 관련한 주요 단어들은 아래의 표와 같다.

선생님	مُدَرِّسٌ	교수	أُسْتَاذٌ
의사	طَبِيبٌ	작가	كَاتِبٌ
엔지니어	مُهَنْدِسٌ	회사원(직원)	مُوَظَّفٌ

위의 표에 제시된 직업명은 모두 남성형 명사이고, 여성형은 제6과 표현과 문법에서 학습하게 될 여성표지어 tā' marbūṭah (ة)를 남성형 명사 제일 뒤에 붙여 쓰면 된다. (예: مُدَرِّسٌ 남자 선생님 → مُدَرِّسَةٌ 여자 선생님)

말하기와 읽기

❷ 학교와 관련한 표현 학습하기

학교에서는 다양한 활동이 이루어지므로 '학교'는 아랍어 기본 어휘와 표현을 익히는데 훌륭한 교육 도구로 활용이 가능하다. 학교생활과 관련한 어휘들은 아래의 표와 같다.

대학교	جَامِعَةٌ	학교	مَدْرَسَةٌ
도서관, 서점	مَكْتَبَةٌ	운동장	مَلْعَبٌ
칠판	لَوْحٌ	교실	فَصْلٌ
의자	كُرْسِيٌّ	책상	مَكْتَبٌ
연필, 펜	قَلَمٌ	책	كِتَابٌ
학생	طَالِبٌ	선생님, 교사	مُدَرِّسٌ
		컴퓨터	كُمْبِيُوتِرٌ

연습

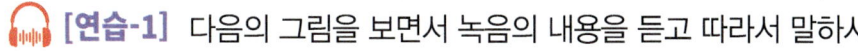

[연습-1] 다음의 그림을 보면서 녹음의 내용을 듣고 따라서 말하시오.

말하기와 읽기

아랍 세계에서의 교육은 크게 유아교육, 초중등교육, 고등교육 등으로 분류된다. 유아교육은 주로 유치원에서, 초중등교육은 초등학교, 중학교, 고등학교에서, 고등교육은 대학교와 대학원에서 교육을 담당한다.

유치원	رَوْضَةٌ (رَوْضَةُ الْأَطْفَالِ)
초등학교	اَلْمَدْرَسَةُ الْإِبْتِدَائِيَّةُ
중학교	اَلْمَدْرَسَةُ الْإِعْدَادِيَّةُ
고등학교	اَلْمَدْرَسَةُ الثَّانَوِيَّةُ
대학교	اَلْجَامِعَةُ
대학원	اَلدِّرَاسَاتُ الْعُلْيَا

각 교육 단위 앞에 일반명사 '학생'(طَالِبٌ، طَالِبَةٌ) 을 붙이면 각각 유치원생, 초등학생, 중학생, 고등학생, 대학생, 대학원생 등의 표현이 된다. 마찬가지로 각 교육 단위 앞에 교사, 교수, 직원 등의 단어를 활용하여 직업과 신분을 설명할 수 있다.

나는 초등학생입니다.	أَنَا طَالِبٌ فِي الْمَدْرَسَةِ الْإِبْتِدَائِيَّةِ.
당신(여)은 대학생입니까?	هَلْ أَنْتِ طَالِبَةٌ فِي الْجَامِعَةِ؟
형은 중학생입니다.	اَلْأَخُ طَالِبٌ فِي الْمَدْرَسَةِ الْإِعْدَادِيَّةِ.
그녀는 고등학교 선생님입니다.	هِيَ مُدَرِّسَةٌ فِي الْمَدْرَسَةِ الثَّانَوِيَّةِ.
카말은 대학원 교수입니다.	كَمَالٌ أُسْتَاذٌ فِي الدِّرَاسَاتِ الْعُلْيَا.

표현과 문법

1 지시대명사

사람과 사물을 가리킬 때 지시대명사를 활용할 수 있다. 지시대명사는 거리에 따라 근지시대명사와 원지시대명사로 분류된다. 그리고 아랍어의 지시대명사는 명사로 분류되어, 일반명사와 마찬가지로 남성과 여성으로 구분된다.

	남성형	여성형
근지시대명사	هَذَا	هَذِهِ
원지시대명사	ذَلِكَ	تِلْكَ

문장의 제일 앞에 지시대명사가 위치하고, 그 다음에 명사가 오면 "이것은 …이다." 또는 "저것은 …이다"의 표현이 된다.

표현과 문법

연 습

🎧 **[연습-2]** 녹음을 듣고 해당하는 지시대명사를 순서대로 괄호 안에 쓰시오.

❶ ( ) طَالِبٌ.　　　　❷ ( ) فَصْلٌ.

❸ هَلْ ( ) كُرْسِيٌّ؟　　❹ ( ) نَافِذَةٌ.

[연습-3] 대화에 어울리도록 연결하시오.

❶ أَيْنَ الْكِتَابُ؟ •　　　　• (a) لَا، أَنَا مُدَرِّسٌ.

❷ هَلْ أَنْتِ طَالِبَةٌ فِي الْجَامِعَةِ؟ • 　• (b) هَذِهِ أَمَامَ بَيْتِي.

❸ أَيْنَ مَدْرَسَتُكَ؟ • 　　　• (c) لَا، أَنَا طَالِبَةٌ فِي الْمَدْرَسَةِ الثَّانَوِيَّةِ.

❹ هَلْ أَنْتَ طَالِبٌ؟ • 　　　• (d) هَذَا عَلَى الْكُرْسِيِّ.

표현과 문법

2 아랍어 문자: ف, ق, ك, ل, ة

어두형	어중형	어말형	독립형	명칭	발음기호
فـ	ـفـ	ـف	ف	fā'	f
قـ	ـقـ	ـق	ق	qāf	q
كـ	ـكـ	ـك	ك	kāf	k
لـ	ـلـ	ـل	ل	lām	l
		ـة	ة	tā' marbūṭah	t

ف fā' [f]

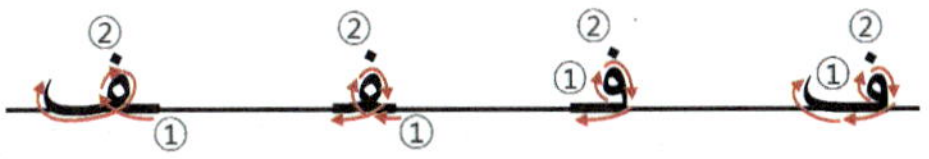

ق qāf [q]

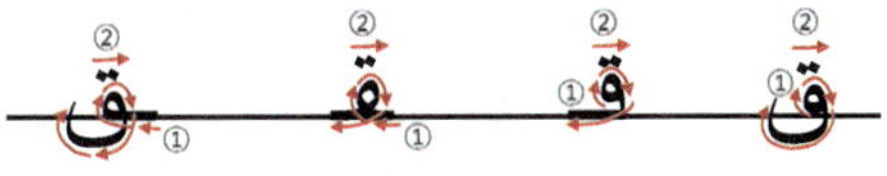

ك kāf [k]

ل lām [l]

ة tā' marbūṭah [t]

표현과 문법

타마르부타는 아랍어의 부호 중 하나이다. 그 기능은 명사나 형용사를 여성으로 만드는 것이며, 이 때문에 여성화 접미사라고도 불린다. 타마르부타는 단어의 어말에만 접미되고, 자음 tā'(ت)에서 파생된 것으로 발음이 실현될 때는 t를 그대로 유지하고 그 형태만 ة로 변한다. 단, 타마르부타 뒤에 접미인칭대명사 등이 연결될 때는 원자음인 t와 동일한 형태가 된다.

타마르부타는 발음 부호로서의 역할은 크지 않다. 자신이 t 음가를 가지고, 바로 앞의 자음은 반드시 a 모음이 온다는 것이 특징이다.

타마르부타가 단어나 문장의 마지막에 올 때는 t 음가를 발음하지 않는다.

연습

[연습-4] 다음에서 fā', qāf, kāf, lām을 구별하여 찾으시오.

فاطمة طالبة في جامعة القاهرة. كريم أستاذ للغة العربية من لبنان .

[연습-5] 다음 문자를 연결하여 쓰시오.

❶ ل + ي + ل + ة =   ❷ ك + و + ك + ب =

❸ ي + ق + ف =   ❹ ف + ن + د + ق =

❺ ك + ي + ف =   ❻ ع + ل + و + ي =

어휘와 표현

سَيَّارَةٌ	자동차
طَالِبٌ (ج. طُلَّابٌ)	학생
فَصْلٌ (ج. فُصُولٌ)	교실
قَلَمٌ (ج. أَقْلَامٌ)	연필, 펜
كِتَابٌ (ج. كُتُبٌ)	책
كُرْسِيٌّ (ج. كَرَاسٍ)	의자
مَكْتَبٌ (ج. مَكَاتِبُ)	책상, 사무실
مَكْتَبَةٌ (ج. مَكْتَبَاتٌ)	도서관, 서점
مَلْعَبٌ (ج. مَلَاعِبُ)	운동장

문화

교육 제도

아랍 세계의 교육제도는 한국과 마찬가지로 초등학교, 중학교, 고등학교, 고등교육과정인 대학교와 대학원 과정이 있다. 아랍 국가별로 의무교육 제도는 서로 다르게 적용되며, 적게는 초등교육까지 많게는 대학원까지 전 교육과정을 정부가 무상으로 제공하는 경우가 있다.

학교는 각 국가의 비율은 다르지만 국공립학교와 사립학교로 분류되며, 일반적으로 교육부가 전체 교육기관을 관리감독하지만 고등교육만 다루는 고등교육청을 독립적으로 두는 국가도 있다.

일부 걸프국가에서는 교육 선 과정에 걸쳐 무상교육을 시행하고 있음에도 불구하고 자국민 학생 약 40%이상이 사립학교에서 교육을 받고 있다. 이들 걸프국가들은 교육의 핵심 인재인 교사와 관련 인력을 기타 아랍국가으로부터 수급 받고 있어서 차츰 자국민의 비율을 높이려고 노력하고 있다.

부호 중 하나이다. 그 기능은 며, 이 때문에 여성화 접미 말에만 접미되고, 자음 tā' (ة)에 를 그대로 유지하고 그 형태만 칭대명사 등이 연결될 때는 원자

문화

▲ 교육 도시 - 샤르자 아랍에미리트

MEMO

كَيْفَ الْجَوُّ؟

학습 목표

- 날씨 묻고 답하기
- 아랍어 문자: م، ن، هـ
- 날씨 관련 용어와 표현 학습하기
- (문법) كَانَ의 활용

말하기와 읽기

1 날씨 묻고 답하기

아랍 세계는 지역이 넓어 자연환경과 기후가 매우 다양하지만 사막과 고온 건조한 지역이 대부분이다. 이 때문에 아랍국가들은 대체로 열사의 나라로 인식되지만, 일부 산악 지역에서는 겨울에 많은 비가 내리거나 눈이 쌓이기도 한다.

아랍어로 날씨를 묻고 답할 때는 대체로 상황, 상태를 가리키는 의문사 كَيْفَ를 활용한다. 날씨 상황에 대한 답을 할 때 주로 사용되는 어휘는 아래와 같다.

추운	بَارِدٌ	더운	حَارٌّ
화창한	لَطِيفٌ	따뜻한	دَافِئٌ
흐린, 구름 낀	غَائِمٌ	해가 난	مُشْمِسٌ
눈 오는	مُثْلِجٌ	비 오는	مُمْطِرٌ

말하기와 읽기

연습

🎧 **[연습-1]** 녹음을 잘 듣고 따라 읽어 봅시다.

اَلْجَوُّ دَافِئٌ فِي الرَّبِيعِ.   اَلْجَوُّ حَارٌّ فِي الصَّيْفِ.

اَلْجَوُّ لَطِيفٌ فِي الْخَرِيفِ.   اَلْجَوُّ بَارِدٌ فِي الشِّتَاءِ.

연습

🎧 **[연습-2]** 녹음을 듣고 해당하는 날씨 표현을 괄호 안에 쓰시오.

❶ اَلْجَوُّ ( ).   ❷ اَلْجَوُّ ( ).

❸ اَلْجَوُّ ( ).   ❹ اَلْجَوُّ ( ).

말하기와 읽기

2 시간 부사

아랍어는 타언어에 비해 과거, 현재, 미래 등 동사의 시제가 세분화되지 않는다. 이를 보완하기 위해 자연스럽게 시간부사가 발달하고, 실제 대화에서 사용 빈도가 높다.

어제	أَمْسِ	오늘	اَلْيَوْمَ
아침에	صَبَاحًا	내일	غَدًا
오후에	عَصْرًا	정오에	ظُهْرًا
밤에	لَيْلًا	저녁에	مَسَاءً
현재	جَارٍ، حَالِيٌّ	지금	اَلْآنَ
(다가)오는	قَادِمٌ	지난, 과거에	مَاضٍ

كَيْفَ الْجَوُّ الْيَوْمَ؟

اَلْجَوُّ مُشْمِسٌ.

연습

[연습-3] 대화에 어울리도록 연결하시오.

① كَيْفَ الْجَوُّ الْيَوْمَ؟ •   • (a) نَعَمْ. اَلْجَوُّ حَارٌّ فِي الصَّيْفِ.

② هَلِ الْجَوُّ حَارٌّ فِي الصَّيْفِ؟ •   • (b) اَلْجَوُّ بَارِدٌ وَمُثْلِجٌ.

표현과 문법

1 كَانَ 동사의 활용

كَانَ 동사는 명사문의 시제를 과거로 만들며, 목적격 술어를 취한다. 인칭, 성에 따른 단수 변화는 다음과 같다.

1인칭 (공통)	2인칭 (여성형)	2인칭 (남성형)	3인칭 (여성형)	3인칭 (남성형)
كُنْتُ	كُنْتِ	كُنْتَ	كَانَتْ	كَانَ

كَانَ 동사의 미완료형은 현재나 미래 시제를 표현하는 데 사용된다. 미래 시제를 표현하기 위해서는 سَـ 를 동사 앞에 붙여 사용한다.

1인칭 (공통)	2인칭 (여성형)	2인칭 (남성형)	3인칭 (여성형)	3인칭 (남성형)
أَكُونُ	تَكُونِينَ	تَكُونُ	تَكُونُ	يَكُونُ

هَلْ كَانَ الْجَوُّ حَارًّا أَمْسِ؟

لَا، كَانَ الْجَوُّ مُمْطِرًا أَمْسِ.

표현과 문법

연습

[연습-4] 아랍 주요 도시의 기상예보를 참고하여, 빈칸에 알맞은 표현을 쓰시오.

| تُونِسُ | دِمَشْقُ | اَلْقَاهِرَةُ |

- كَيْفَ سَيَكُونُ الْجَوُّ غَدًا؟

❶ سَيَكُونُ الْجَوُّ _____ فِي دِمَشْقَ.

❷ سَيَكُونُ الْجَوُّ _____ فِي الْقَاهِرَةِ.

❸ سَيَكُونُ الْجَوُّ _____ فِي تُونِسَ.

2 요일

토요일	일요일	월요일	화요일	수요일	목요일	금요일
يَوْمُ السَّبْتِ	يَوْمُ الْأَحَدِ	يَوْمُ الاِثْنَيْنِ	يَوْمُ الثُّلَاثَاءِ	يَوْمُ الْأَرْبِعَاءِ	يَوْمُ الْخَمِيسِ	يَوْمُ الْجُمْعَةِ

كَيْفَ الْجَوُّ فِي يَوْمِ الْأَحَدِ الْقَادِمِ؟

سَيَكُونُ الْجَوُّ مُمْطِرًا.

표현과 문법

> **[연습-5]** 모로코 라바트의 요일 별 기상예보를 참고하여, 빈칸에 알맞은 표현을 쓰시오.

| 토요일 | 일요일 | 월요일 | 화요일 | 수요일 | 목요일 | 금요일 |

❶ A: كَيْفَ كَانَ الْجَوُّ فِي يَوْمِ الْجُمْعَةِ؟
B: كَانَ الْجَوُّ _____.

❷ A: كَيْفَ كَانَ الْجَوُّ فِي يَوْمِ الْخَمِيسِ؟
B: كَانَ الْجَوُّ _____.

❸ A: كَيْفَ كَانَ الْجَوُّ فِي يَوْمِ الْاِثْنَيْنِ؟
B: كَانَ الْجَوُّ _____.

❹ A: كَيْفَ كَانَ الْجَوُّ فِي يَوْمِ الثُّلَاثَاءِ؟
B: كَانَ الْجَوُّ _____.

3 월

1월	2월	3월	4월	5월	6월
يَنَايِر	فِبْرَايِر	مَارِس	أَبْرِيل	مَايُو	يُونِيُو
7월	8월	9월	10월	11월	12월
يُولْيُو	أَغُسْطُس	سِبْتَمْبِر	أُكْتُوبِر	نُوفِمْبِر	دِيسَمْبِر

표현과 문법

연 습

[연습-6] <보기>에서 알맞은 단어를 찾아 빈칸에 써보시오.

> 보기
>
> لَطِيفٌ ، دَافِئٌ ، يَنَائِر ، يُولْيُو

❶ A: كَيْفَ الْجَوُّ فِي _____؟
   B: اَلْجَوُّ بَارِدٌ وَمُثْلِجٌ.

❷ A: كَيْفَ الْجَوُّ فِي _____؟
   B: اَلْجَوُّ حَارٌّ وَمُشْمِسٌ.

❸ A: كَيْفَ الْجَوُّ فِي أُكْتُوبِر؟
   B: اَلْجَوُّ _____.

❹ A: كَيْفَ الْجَوُّ فِي مَارِس؟
   B: اَلْجَوُّ _____.

[연습-7] 괄호 안의 단어를 사용하여 질문의 답을 써 보시오.

❶ كَيْفَ الْجَوُّ الْآنَ؟ (مُمْطِرٌ) _____

❷ كَيْفَ كَانَ الْجَوُّ فِي صَبَاحِ الْيَوْمِ؟ (غَائِمٌ) _____

❸ كَيْفَ سَيَكُونُ الْجَوُّ فِي يَوْمِ الْأَرْبِعَاءِ الْقَادِمِ؟ (مُشْمِسٌ) _____

표현과 문법

4 아랍어 문자: م ، ن ، ه

어두형	어중형	어말형	독립형	명칭	발음기호
مـ	ـمـ	ـم	م	mīm	m
نـ	ـنـ	ـن	ن	nūn	n
هـ	ـهـ	ـه	ه	hā'	h

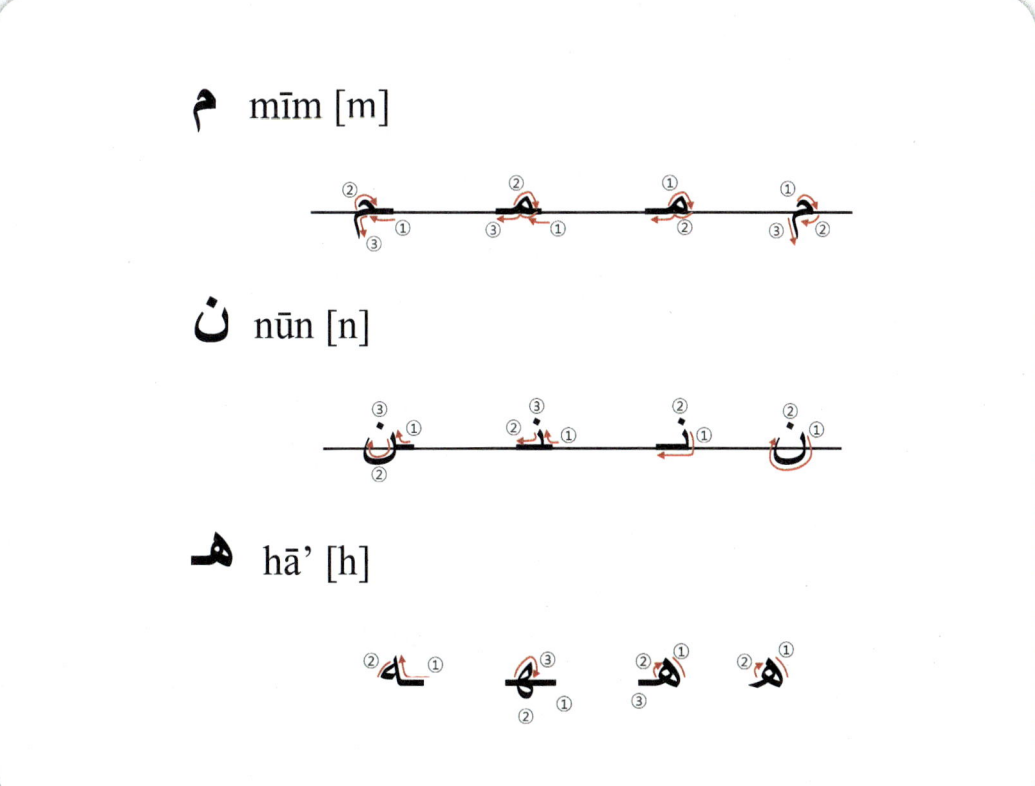

어휘와 표현

رَبِيعٌ	봄
صَيْفٌ	여름
خَرِيفٌ	가을
شِتَاءٌ	겨울
مُثْلِجٌ	눈 오는
مُمْطِرٌ	비 오는
حَارٌّ	더운
قَادِمٌ	오는
يَوْمُ الْجُمْعَةِ	금요일
يَوْمُ الِاثْنَيْنِ	월요일
يَوْمُ الْخَمِيسِ	목요일
أَبْرِيل	4월
مَارِس	3월

문화

아랍의 휴일

우리나라에서는 공식적으로 일요일이 휴일이지만, 이슬람을 믿는 대부분의 아랍 국가들에서는 보통 금요일이 휴일이다. 금요일이 되면 이슬람신도(무슬림)들은 사원에 모여 함께 낮 예배를 하고, 휴일을 즐긴다. 따라서 대체로 금요일에는 관공서, 학교, 은행 등은 문을 열지 않으며, 토요일부터 한 주의 업무를 시작한다.

라마단(رَمَضَانُ)

라마단은 이슬람교의 금식의 달로 이슬람력 9월을 가리킨다. 라마단은 예언자 무함마드에게 성서인 코란이 처음 계시된 신성한 달이다. 무슬림은 라마단 한 달 동안 일출부터 일몰까지 의무적으로 금식을 한다. 라마단이 되면 무슬림은 서로에게 관대한 라마단(رَمَضَانُ كَرِيمٌ)이라는 인사를 주고 받는다. 라마단이 끝나면 그 다음 날부터 금식 종료절(عِيدُ الْفِطْرِ)이 3일 동안 계속된다.

MEMO

مَاذَا تَأْكُلُ؟

학습 목표

- 음식과 음료 표현
- (문법) 미완료 동사
- 식사 주문
- 태양문자와 월문자

말하기와 읽기

1 음식과 음료 표현

아랍어로 상대방이 먹고 있는 음식이나 마시는 음료에 대해 물을 때는 '무엇'의 의미를 나타내는 의문사 مَاذَا가 활용된다. 먹는 음식을 묻거나 답할 때는 동사 أَكَلَ(먹다)를, 마시는 음료를 묻거나 답할 때는 동사 شَرِبَ(마시다)를 활용하여 말할 수 있다.

말하기와 읽기

아랍인이 주로 먹고 마시는 음식과 음료는 아래와 같다.

생선	سَمَكٌ	닭고기	دَجَاجٌ
치즈	جُبْنٌ	고기	لَحْمٌ
요거트	لَبَنٌ	쌀, 밥	أُرْزٌ
피자	بِيتْزَا	빵	خُبْزٌ
샤와르마	شَاوِرْمَةٌ	수프	حَسَاءٌ
디저트	حَلْوَى	케이크	كَعْكٌ
커피	قَهْوَةٌ	차	شَايٌ
우유	حَلِيبٌ	주스	عَصِيرٌ

연습

[연습-1] 녹음을 잘 듣고 따라 읽어 봅시다.

1) خُبْزٌ   2) سَمَكٌ   3) كَعْكٌ
4) حَلِيبٌ   5) قَهْوَةٌ   6) بِيتْزَا
7) دَجَاجٌ   8) حَلْوَى   9) أُرْزٌ

말하기와 읽기

2 식사 주문

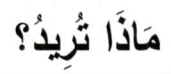

아랍어로 어떤 식사를 주문할지에 대해 묻고 답할 때는 동사 أَرَادَ(원하다)를 사용하여 표현한다. 이 동사의 미완료형은 원형과 차이가 있으므로 인칭에 따른 미완료형 변화를 주의해서 연습해야 한다.

무엇을 원하십니까?(여성에게)	مَاذَا تُرِيدُ؟ (مَاذَا تُرِيدِينَ؟)
나는 빵을 원합니다.(남녀 공통)	أُرِيدُ خُبْزًا.
무엇을 드시겠습니까?(여성에게)	مَاذَا تَأْكُلُ؟ (مَاذَا تَأْكُلِينَ؟)
무엇을 마시겠습니까?(여성에게)	مَاذَا تَشْرَبُ؟ (مَاذَا تَشْرَبِينَ؟)

말하기와 읽기

연습

[연습-2] 다음 그림을 보고 주어진 낱말을 사용하여 주문 표현을 연습해 봅시다.

عَصِيرُ الْبُرْتُقَالِ   مَاءٌ

دَجَاجٌ   كَبَابٌ

[연습-3] 대화에 어울리도록 (a)와 (b)를 연결하시오.

❶ مَاذَا تَأْكُلُ؟ •   (a)• أَشْرَبُ شَايًا.

❷ مَاذَا تَشْرَبِينَ؟ •   (b)• آكُلُ خُبْزًا وَلَحْمًا.

표현과 문법

1 미완료동사

아랍어 동사는 동작이나 행위의 종료 상태를 기준으로 하여 '완료동사'와 '미완료동사'로 구분된다. 완료동사는 동작이 완료된 과거 시제를 나타내며, 미완료 동사는 동작이 완료되지 않은 현재나 미래 시제를 나타낸다. 아랍어 동사는 인칭, 성, 수에 따라 변화한다. 음식 주문 관련 동사의 미완료 단수형은 다음과 같다.

의미	1인칭 (공통)	2인칭 (여성형)	2인칭 (남성형)	3인칭 (여성형)	3인칭 (남성형)
원하다	أُرِيدُ	تُرِيدِينَ	تُرِيدُ	تُرِيدُ	يُرِيدُ
먹다	آكُلُ	تَأْكُلِينَ	تَأْكُلُ	تَأْكُلُ	يَأْكُلُ
마시다	أَشْرَبُ	تَشْرَبِينَ	تَشْرَبُ	تَشْرَبُ	يَشْرَبُ

표현과 문법

2 태양문자와 월문자

아랍어 자음 28개는 다음과 같이 각각 14개의 태양문자와 월문자로 나뉜다.

태양문자	ت ث د ذ ر ز س ش ص ض ط ظ ل ن
월문자	أ ب ج ح خ ع غ ف ق ك م ه و ي

태양문자로 시작되는 단어 앞에 정관사 اَلْ 이 오면 정관사의 لْ 은 뒤에 오는 태양문자에 동화되며, 태양문자에 샷다를 표시하고 발음한다. 반면 월문자는 정관사의 لْ 이 동화되지 않는다.

태양문자	월문자
اَلْ + سَيَّارَةٌ = اَلسَّيَّارَةُ (자동차)	اَلْ + مَلْعَبٌ = اَلْمَلْعَبُ (운동장)
اَلْ + طَالِبٌ = اَلطَّالِبُ (학생)	اَلْ + بَيْتٌ = اَلْبَيْتُ (집)
اَلْ + لُغَةٌ = اَللُّغَةُ (언어)	اَلْ + كِتَابٌ = اَلْكِتَابُ (책)

연습

[연습-4] 음식의 종류에 따라 어울리는 동사이다. 잘 듣고 빈칸에 알맞은 음식 및 음료 표현을 써 봅시다.

❷

A: مَاذَا تُرِيدِينَ؟

B: _____ .

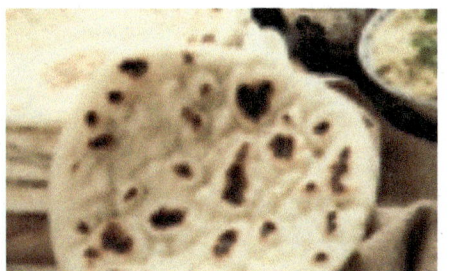

❶

A: مَاذَا تُرِيدُ؟

B: _____ .

표현과 문법

A: مَاذَا تَشْرَبُ؟
B: _____ .

A: مَاذَا تَشْرَبِينَ؟
B: _____ .

A: مَاذَا تَأْكُلُ؟
B: _____ .

A: مَاذَا تَأْكُلِينَ؟
B: _____ .

연습

[연습-5] 친구와 함께 식당의 점원과 손님이 되어 역할놀이를 해 봅시다.

식당의 주문 모습

어휘와 표현

당신(여)은 마신다	تَشْرَبِينَ
나는 마신다	أَشْرَبُ
당신(남)은, 그녀는 원한다	تُرِيدُ
나는 원한다	أُرِيدُ
당신(남)은, 그녀는 먹는다	تَأْكُلُ
당신(여)은 먹는다	تَأْكُلِينَ
당신(남)은, 그녀는 마신다	تَشْرَبُ
당신(여)은 원한다	تُرِيدِينَ
물	مَاءٌ
오렌지 주스	عَصِيرُ الْبُرْتُقَالِ
고기	لَحْمٌ
살림(남자 이름)	سَالِمٌ
호격사	يَا
생선	سَمَكٌ

문화

허용(حَلَالٌ)과 금지(حَرَامٌ)

아랍인은 소고기, 양고기, 닭고기를 즐겨 먹으며 말고기나 낙타고기를 먹는 풍습도 있다. 이슬람의 영향으로 술, 돼지고기, 개고기 등을 먹고 마시는 것이 금지되어 있으며, 육류는 이슬람식으로 도살된 것만 허용된다. 일반적으로 바다에서 나는 수산물은 모두 할랄이다.

아랍의 전통 음식

케밥
اَلْكَبَابُ

소고기, 양고기, 닭고기 등의 구이 요리

훔무스
اَلْحُمُّصُ

병아리콩을 불려 식용 소다를 넣고 요리한 후 걸쭉한 상태로 만든 음식

쿠스쿠스
اَلْكُسْكُسِيُّ

병아리콩과 고기(양, 닭, 생선)를 당근, 감자와 같이 삶은 것으로 마그립 지역의 전통 음식

쿠샤리
اَلْكُشَرِي

쌀, 마카로니, 콩 등을 넣어 찐 이집트 전통 음식

문화

무슬림의 식사예절

무슬림은 식사를 하기 전에 '알라의 이름으로'라는 뜻의 비스밀라(بسم الله)라고 말하고 식사를 시작하고, 식사가 끝나면 '알라에게 찬미를'이라는 뜻의 함두릴라(الْحَمْدُ لِلَّهِ)라고 말한다. 오른손을 사용하여 식사를 하며, 식사를 할 때는 서두르지 않고 느긋하게 한다.

MEMO

هَلْ أَنْتَ طَالِبٌ جَدِيدٌ؟

학습 목표

- 명사문
- 인칭대명사
- لَيْسَ 동사 활용
- 묘사 표현
- 관계형용사

말하기와 읽기

1 상대방 의견 묻기

어떻게 생각하는지를 물을 때 "مَا رَأْيُكِ فِي..."라는 표현을 사용한다.

아랍어 문장은 동사문과 명사문으로 나뉜다. 동사가 문장 제일 앞에 사용되는 경우를 동사문이라고 하고, 위의 문장과 같이 동사를 사용하지 않은 문장을 명사문이라고 한다. 명사문은 주어와 술어로 구성된다.

동사문은 동사, 주어, 목적어, 부사어 순으로 구성되고, 명사문은 주어와 술어로 구성된다. 명사문에서는 계사 (영어의 'be' 동사에 해당)가 사용되지 않는다. 명사문의 시제를 과거나 미래로 만들 경우에는 시제보조동사인 كَانَ가 사용된다. 또 '~이 아니다' 라는 표현은 명사문 앞에 부정을 나타내는 보조동사 لَيْسَ가 사용된다.

명사문의 예)

| 사미르는 신입생이다. | سَمِيرٌ طَالِبٌ جَدِيدٌ. |
| 살림은 학생이었다. | كَانَ سَالِمٌ طَالِبًا. |

말하기와 읽기

2 묘사 표현

جَمِيلٌ	قَدِيمٌ	جَدِيدٌ	صَغِيرٌ	كَبِيرٌ
아름다운	오래된	새로운	작은, 어린	큰, 나이 많은
حَدِيثٌ	قَلِيلٌ	كَثِيرٌ	قَصِيرٌ	طَوِيلٌ
현대식의, 최신식의	적은	많은	짧은	긴

명사문의 주어와 술어의 격은 주격이다

명사문에서 주어와 술어의 성과 수는 일치되어야 한다.

이것은 크다. 이 사람은 나이가 많다.   هَذَا كَبِيرٌ.

- هَذَا : 주어(지시대명사), 남성형, 단수, 주격
- كَبِيرٌ : 술어, 남성형, 단수, 주격

이것(여성형)은 크다. 이 사람(여성)은 나이가 많다.   هَذِهِ كَبِيرَةٌ.

- هَذِهِ : 주어(지시대명사), 여성형, 단수, 주격
- كَبِيرَةٌ : 술어, 여성형, 단수, 주격

ذَلِكَ جَدِيدٌ.	저것은 새 것이다.
تِلْكَ قَدِيمَةٌ.	저것(여성형)은 오래된 것이다.
هَذَا الْبَيْتُ جَمِيلٌ.	이 집은 아름답다.
تِلْكَ السَّيَّارَةُ حَدِيثَةٌ.	저 자동차는 최신식이다.

표현과 문법

1 인칭대명사

인칭대명사의 주격은 독립형으로 사용되고, 소유격과 목적격은 접미형으로 사용된다.

주격 인칭대명사

1인칭 (공통)	2인칭 (여성형)	2인칭 (남성형)	3인칭 (여성형)	3인칭 (남성형)
أَنَا	أَنْتِ	أَنْتَ	هِيَ	هُوَ
나(는)	당신(은)	당신(은)	그녀(는)	그(는)

나는 학생이다.	أَنَا طَالِبٌ.
너는 신입생이니?	هَلْ أَنْتَ طَالِبٌ جَدِيدٌ؟
그래, 나는 신입생이야.	نَعَمْ، أَنَا طَالِبٌ جَدِيدٌ.
그녀는 선생님입니다.	هِيَ مُدَرِّسَةٌ.
당신은 선생님입니까?	هَلْ أَنْتِ مُدَرِّسَةٌ؟
아니, 나는 학생이야.	لَا، أَنَا طَالِبٌ.

표현과 문법

소유격, 목적격 인칭대명사

소유격은 주로 전치사 뒤에 오거나, 연결형태에서 사용되며, 목적격은 동사의 목적어나 목적어를 지배하는 접속사 등 뒤에서 사용된다.

구분	1인칭 (공통)	2인칭 (여성형)	2인칭 (남성형)	3인칭 (여성형)	3인칭 (남성형)
소유격	ـِي	ـكِ	ـكَ	ـهَا	ـهُ
	나의	너의	너의	그녀의	그의
목적격	ـنِي	ـكِ	ـكَ	ـهَا	ـهُ
	나를	너를	너를	그녀를	그를

이것은 그녀의 책입니다.	هَذَا كِتَابُهَا.
이것이 당신의 자동차입니까?	هَلْ هَذِهِ سَيَّارَتُكِ؟
예, 이것이 내 자동차입니다.	نَعَمْ، هَذِهِ سَيَّارَتِي.

표현과 문법

연습

🎧 **[연습-1]** 녹음을 듣고 올바른 표현을 찾아 봅시다.

❶ هَذَا كَبِيرٌ.　　❷ هَذِهِ صَغِيرَةٌ.

❸ هَذَا جَمِيلٌ.　　❹ ذَلِكَ قَدِيمٌ.

_____ (b)　　_____ (a)

_____ (d)　　_____ (c)

[연습-2] 빈칸에 들어갈 가장 알맞은 말을 <보기>에서 찾아 쓰시오.

> 보기
> (a) كَبِيرٌ　(b) جَدِيدٌ　(c) كَبِيرَةٌ　(d) حَدِيثَةٌ　(e) كِتَابُكَ

❶ هَذِهِ الْغُرْفَةُ _____ .

❷ هَذَا الْقَمِيصُ _____ عَلَيَّ.

❸ هَلْ تِلْكَ السَّيَّارَةُ _____ ?

❹ هَلْ ذَلِكَ _____ ?

❺ هَلْ أَنْتَ طَالِبٌ _____ ?

표현과 문법

2 관계형용사

관계형용사라 함은 명사의 형용사형을 가리키는 말이다. 관계형용사는 주로 명사 뒤에 ـِيّ 을 연결하여 만든다. 국가명이나 지명의 형용사형을 만들 경우에 단어 앞에 부가된 정관사나 단어 뒤에 첨부된 타마르부타나 알리프 등을 제하고 만든다. 관계형용사의 의미는 '~의', 또는 '~나라/지방 사람'이다.

저는 이집트에서 왔습니다.	أَنَا مِنْ مِصْرَ.
저는 이집트인(남성형)/(여성형)이다.	أَنَا مِصْرِيٌّ / مِصْرِيَّةٌ.
저는 한국에서 왔습니다.	أَنَا مِنْ كُورِيَا.
저는 한국인(남성형)/(여성형)이다.	أَنَا كُورِيٌّ / كُورِيَّةٌ.
저는 쿠웨이트에서 왔습니다.	أَنَا مِنَ الْكُوَيْتِ.
저는 쿠웨이트인(남성형)/(여성형)입니다.	أَنَا كُوَيْتِيٌّ / كُوَيْتِيَّةٌ.
학생(남성형)/(여성형)이니?	هَلْ أَنْتَ طَالِبٌ / طَالِبَةٌ فِي الْجَامِعَةِ؟
그래, 나는 대학생(남성형)/(여성형)이야.	نَعَمْ، أَنَا طَالِبٌ جَامِعِيٌّ / طَالِبَةٌ جَامِعِيَّةٌ.

집합 명사인 اَلْعَرَبُ (아랍인들)나 اَلْبَدْوُ (베두윈들, 유목민들) 같은 명사의 관계형용사는 정관사를 제하고, 관계형용사 형태를 만들어서 '~인 (한 명)'을 표현한다.
또 الْأُرْدُنّ 의 경우에는 정관사와 마지막 샷다를 제하고 관계형용사를 만든다.

그는 요르단 베두윈이다.	هُوَ بَدَوِيٌّ أُرْدُنِيٌّ.

표현과 문법

3 لَيْسَ 보조동사

명사문의 부정을 표현할 때 사용되는 보조동사가 لَيْسَ이다. لَيْسَ는 كَانَ 시제보조동사와 마찬가지로 뒤에 오는 술어를 목적격으로 지배한다.

لَيْسَ 동사의 활용은 다음과 같다.

1인칭 (공통)	2인칭 (여성형)	2인칭 (남성형)	3인칭 (여성형)	3인칭 (남성형)
لَسْتُ	لَسْتِ	لَسْتَ	لَيْسَتْ	لَيْسَ

هَذَا جَدِيدٌ.	이것은 새 것이다.
لَيْسَ هَذَا جَدِيدًا.	이것은 새 것이 아니다.
سَمِيرَةُ مُدَرِّسَةٌ أُرْدُنِيَّةٌ.	사미라는 요르단인 교사(여성형)이다.
لَيْسَتْ سَمِيرَةُ مُدَرِّسَةً أُرْدُنِيَّةً.	사미르는 요르단인 교사(여성형)가 아니다.

아랍어에서 동사의 1인칭과 2인칭 행위자는 동사 형태에 포함되므로 أَنَا, أَنْتَ, أَنْتِ 등을 따로 사용하지 않는 것이 원칙이다.

أَنَا كُورِيٌّ.	나는 한국인이다.
لَسْتُ كُورِيًّا.	나는 한국인이 아니다.

연습

[연습-3] 주어진 단어를 빈칸에 알맞게 고쳐서 넣으시오.

❶ أَنَا ‎_____‎ . (اَلْمَغْرِبُ)

❷ هِيَ ‎_____‎ . (لُبْنَانُ)

❸ هَلْ أَنْتَ ‎_____‎ ؟ (اَلسُّعُودِيَّةُ)

❹ هَلْ أَنْتِ ‎_____‎ ؟ (أَمْرِيكَا)

❺ هَلْ هُوَ ‎_____‎ ؟ (اَلْعَرَبُ)

[연습-4] 다음 빈칸에 들어갈 알맞은 표현을 쓰시오.

❶ A: هَلْ أَنْتِ طَالِبَةٌ؟
B: لَا، ‎_____‎ طَالِبَةً.

❷ A: هَلْ أَنْتَ فِي الْمَكْتَبَةِ؟
B: لَا، ‎_____‎ فِي الْمَكْتَبَةِ.

❸ A: هَلِ الْأُسْتَاذُ سُعُودِيٌّ؟
B: لَا، ‎_____‎ سُعُودِيًّا.

❹ A: هَلِ الْجَوُّ لَطِيفٌ الْآنَ؟
B: لَا، ‎_____‎ الْجَوُّ لَطِيفًا الْآنَ.

어휘와 표현

كَبِيرٌ	큰, 나이 많은
صَغِيرٌ	작은, 어린
جَدِيدٌ	새로운
قَدِيمٌ	오래된
جَمِيلٌ	아름다운
طَوِيلٌ	긴
قَصِيرٌ	짧은
كَثِيرٌ	많은
قَلِيلٌ	적은
حَدِيثٌ	현대식의, 최신식의
لَيْسَ	~ 아니다

문화

칼와 (اَلْخَلْوَة)

이슬람 세계에서 다른 사람이 함께 있지 않거나 보는 눈이 없는 상황에서 남녀 단 둘이 동석하는 것은 금지된다. 단, 이슬람에서 마흐람(اَلْمَحْرَم), 즉 3촌 이내의 친족과는 혼인할 수 없으므로 3촌 이내의 사람과는 칼와를 지키지 않는다.

이슬람 아랍 세계에서 4촌끼리 결혼을 할 수 있기 때문에 4촌이나 그 이상의 먼 친척, 또는 이방인으로 간주되는 낯선 이성과 단 둘이 있는 것은 허락되지 않는다.

그러므로 3촌 이외의 남녀가 같은 공간에서 함께 일을 할 경우에는 문을 조금 열어두거나 밖에서 들여다 보이는 공간이어야 한다.

MEMO

مَا هِوَايَتُكَ؟

학습 목표

- 취미 묻고 답하기
- 취미 활동 관련 표현하기
- (문법) 접미인칭대명사, 미완료 동사, أَحَبَّ, 의문사 أَيُّ

말하기와 읽기

1 취미 묻고 답하기

아랍어로 취미를 묻고 답할 때는 명사문을 활용하는 방법과 동사문을 활용하는 방법이 있다.

먼저 명사문을 활용할 때는 명사 هِوَايَة(취미)을 활용하며, 명사 앞에 의문사 مَا(무엇)를 두고, 명사 뒤에 접미인칭대명사(ني،كَ،كِ،هُ،هَا)를 붙여 구성한다. 답할 때는 "나의 취미(هِوَايَتِي)는 …입니다."로 말한다.

말하기와 읽기

아랍인들의 취미 표현은 우리말 '좋아하다'(أَحَبَّ)를 사용하며, 이 동사는 때로는 '사랑하다'의 표현으로도 사용한다. 이 동사는 미완료형의 활용 변화가 비교적 어려워 <표현과 문법> 편에서 활용변화를 정리한다.

❷ 취미 활동 관련 표현하기

다음은 아랍인들이 주로 하는 취미 활동이다. 취미를 묻고 답하는 표현과 함께 반복적인 연습이 필요하다.

인터넷 게임	لُعْبَةُ الْإِنْتَرْنِت	음악감상	اَلِاسْتِمَاعُ إِلَى الْمُوسِيقَى
농구	كُرَةُ السَّلَّةِ	테니스	اَلتِّنِس
축구	كُرَةُ الْقَدَمِ	그림 그리기	اَلرَّسْمُ
여행	اَلسَّفَرُ	스포츠	اَلرِّيَاضَةُ
TV시청	مُشَاهَدَةُ التِّلِفِيزِيُون	수영	اَلسِّبَاحَةُ
영화감상	مُشَاهَدَةُ الْأَفْلَامِ	독서	اَلْقِرَاءَةُ

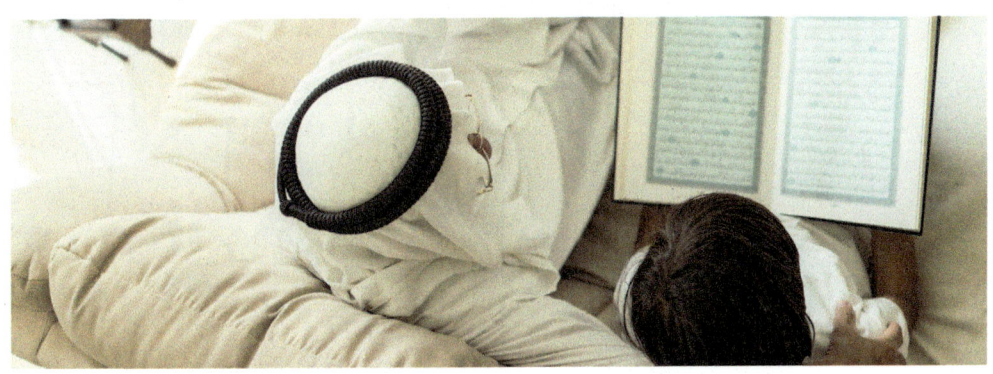

말하기와 읽기

연습

🎧 **[연습-1]** 그림을 보면서 취미와 관련한 표현을 잘 듣고 따라 읽어봅시다.

연습

[연습-2] 다음 그림을 보고 취미를 묻고 답하는 표현을 연습해 봅시다.

표현과 문법

1 접미인칭대명사

아랍어에서 인칭대명사는 '독립인칭대명사'와 '접미인칭대명사'가 있다. 독립인칭대명사는 다른 명사, 동사, 전치사와 분리되어 독립적으로 쓰이며 주로 문장에서 주어의 역할을 한다. 한편, 접미인칭대명사는 명사, 동사, 전치사에 직접 연결되어 사용되며, 명사 뒤에 연결되어 소유관계(…의)를 나타내고, 동사와 전치사 뒤에 연결되어 목적어로 사용된다. 여기서는 취미의 명사 هِوَايَةٌ 뒤에 연결되는 접미인칭대명사의 활용을 주로 학습한다. 접미인칭대명사는 인칭에 따라 아래와 같이 그 형태가 변한다.

	1인칭 공통	2인칭 (여성형)	2인칭 (남성형)	3인칭 (여성형)	3인칭 (남성형)
단수	ـِي (ـنِي)	ـكِ	ـكَ	ـهَا	ـهُ
	나의	당신의	당신의	그녀의	그의

당신의 상태는 어떠세요(어떻게 지내세요)?	كَيْفَ حَالُكَ؟
환영합니다.(응답 표현)	مَرْحَبًا بِكَ.

연습

[연습-3] 다음 문자를 연결하여 쓰시오.

❶ حَالٌ + كَ =   ❷ أَمَامٌ + ي =

❸ كِتَابٌ + هَا =   ❹ أُخْتٌ + هُ =

❺ جَدَّةٌ + كِ =   ❻ سَيَّارَةٌ + ي =

표현과 문법

2 미완료 동사 أَحَبَّ

아랍어 동사 أَحَبَّ는 중자음 동사이며, 미완료 동사로 활용될 경우 현재형 접두어에 u모음이 표시된다. 단수를 기준으로 인칭, 성, 수에 따른 활용 변화는 다음과 같다.

의미	1인칭 (공통)	2인칭 (여성형)	2인칭 (남성형)	3인칭 (여성형)	3인칭 (남성형)
좋아하다	أُحِبُّ	تُحِبِّينَ	تُحِبُّ	تُحِبُّ	يُحِبُّ

표현과 문법

3 의문사 أَيُّ

أَيُّ은 '어떤, 무슨'을 뜻하며 대명사로 분류되어 문장에서의 역할 –주어, 목적어 등-에 따라 격변화한다. 일반적으로 비한정 단수 명사와 연결되어 사용되며, 여성형은 أَيَّةُ 이다.

어느 학생이 도서관에 있습니까?	أَيُّ طَالِبٍ فِي الْمَكْتَبَةِ؟
당신은 어떤 스포츠를 좋아합니까?	أَيَّةَ رِيَاضَةٍ تُحِبُّ؟
어느 도시에 당신은 살고 있습니까?	فِي أَيَّةِ مَدِينَةٍ تَسْكُنُ؟

연습

[연습-4] 대화의 내용으로 보아 빈칸에 들어갈 알맞은 의문사를 <보기>에서 선택하여 써 봅시다.

مَا، هَلْ، أَيَّ، أَيَّةَ

❶ A: ____ هِوَايَتُكَ؟
B: هِوَايَتِي مُشَاهَدَةُ الْأَفْلَامِ.

❷ A: ____ تُحِبُّ الْمُوسِيقَى؟
B: نَعَمْ. أُحِبُّ الْمُوسِيقَى.

❸ A: ____ لُعْبَةٍ يُحِبُّ أَخُوكَ؟
B: يُحِبُّ لُعْبَةَ الْإِنْتَرْنِتِ.

❹ A: ____ طَعَامٍ تُحِبِّينَ؟
B: أُحِبُّ الْكَبَابَ.

표현과 문법

연 습

🎧 **[연습-5]** 대화를 듣고 A, B가 좋아하는 취미를 순서대로 선택해 봅시다.

연 습

[연습-6] 강의실에서 친구들과 취미활동을 주제로 대화를 해 봅시다.

어휘와 표현

هِوَايَةٌ		취미
رِيَاضَةٌ		스포츠; 체육
تُحِبُّ		당신(남)은 좋아한다
قَهْوَةٌ		커피
شَايٌ		차(茶)
مَكْتَبَةٌ		도서관; 서점
مَدِينَةٌ		도시
تَسْكُنُ		당신(남)은 살(거주하)다
لُعْبَةٌ		놀이; 게임
كَبَابٌ		케밥(아랍음식)

문화

아랍인의 취미활동

아랍인의 취미생활은 다른 민족과 크게 다르지 않다. 한가지 특징이라면 아랍지역 대부분이 고온다습한 편이어서 외부활동을 크게 선호하지 않는 편이다.

하지만, 체육활동은 종목과 상관없이 고르게 인기가 있다. 그 중에서 축구가 대다수의 아랍인이 좋아하는 취미활동이자 인기있는 스포츠 종목이다. 아랍 마을 공터에는 축구공을 차며 노는 아이들을 어렵지 않게 발견할 수 있고, 특히 걸프지역에서는 클럽팀 간 축구리그가 활발하다. 반면에 야구, 골프, 미식축구 등은 비교적 비인기 종목이다.

아랍인의 특이한 취미생활 중 하나는 낙타경주 관람이다. 중세 아랍인들의 삶의 터전은 사막이었고, 낙타는 아랍인들이 광활한 사막을 이동하는데 가장 유용한 교통수단이었다. 따라서 빠르고 건강한 혈통의 낙타를 소유하는 것이 자신들의 우월함을 나타내는 상징이었다.

낙타경주는 어느 부족과 개인이 보다 우수한 낙타를 소유했는지 확인하는 좋은 기회가 되었고, 오늘날에도 일부 아랍국가에서 낙타경주가 인기리에 진행되고 있다. 특히 아랍에미리트의 낙타경주가 가장 유명하며 주로 10월부터 4월 사이에 경주가 개최된다. 최근에는 신기술을 접목하여 인간 기수를 대신하여 로봇 기수를 활용한 낙타경주까지 열리고 있다.

문화

MEMO

بِكَمْ هَذَا؟

학습 목표

- 가격 묻고 답하기
- 아랍어 기수 표현하기
- 색깔 표현하기
- (문법) 연결형

말하기와 읽기

1 가격 묻고 답하기

아랍 세계의 가격제는 정찰제와 흥정이 공존하고 있다. 백화점, 대형 슈퍼마켓, 가게, 식당 등에서는 정찰제를 실시하고 있지만, 재래시장에서는 흥정을 통해 할인을 받을 수도 있다. 최근 미터기가 설치된 택시가 많이 도입되고 있지만, 아직도 흥정을 해야 하는 택시들이 많다.

아랍어에서 가격 묻기는 두 가지 표현의 활용이 가능하다. 먼저 위의 대화와 같이 بِكَمْ + 명사?(~은 얼마입니까?)이다. 아래와 같이 كَمْ ثَمَنُ (كَمْ سِعْرُ) + 명사?(~의 가격은 얼마입니까?)의 표현이 있다.

말하기와 읽기

> **연습**
>
> **[연습-1]** 다음 그림을 보고 주어진 낱말을 사용하여 가격 묻기 표현을 연습해 봅시다.

2 아랍어 기수 표현하기

아랍어의 수에는 한 개를 나타내는 단수, 두 개를 나타내는 쌍수(양수), 세 개 이상을 나타내는 복수가 있다. 단수와 쌍수의 경우에는 단어의 단수나 쌍수 형태만 사용되나 강조의 의미로 숫자를 같이 사용하기도 한다. 3-10까지의 숫자는 숫자+비한정 복수 소유격 명사의 연결형 구조로 사용된다. 이때 숫자는 명사의 단수 성에 일치해야 한다.

말하기와 읽기

기수사	남성형	여성형	기수사	남성형	여성형
1/١	وَاحِدٌ	وَاحِدَةٌ	6/٦	سِتَّةٌ	سِتٌّ
2/٢	اِثْنَانِ	اِثْنَتَانِ	7/٧	سَبْعَةٌ	سَبْعٌ
3/٣	ثَلَاثَةٌ	ثَلَاثٌ	8/٨	ثَمَانِيَةٌ	ثَمَانٍ
4/٤	أَرْبَعَةٌ	أَرْبَعٌ	9/٩	تِسْعَةٌ	تِسْعٌ
5/٥	خَمْسَةٌ	خَمْسٌ	10/١٠	عَشَرَةٌ	عَشْرٌ

연습

[연습-2] 숫자와 단어를 연결하시오.

(a)• ١ (1)• خَمْسَةٌ
(b)• ٢ (2)• ثَلَاثَةٌ
(c)• ٣ (3)• سَبْعَةٌ
(d)• ٤ (4)• تِسْعَةٌ
(e)• ٥ (5)• وَاحِدٌ
(f)• ٦ (6)• سِتَّةٌ
(g)• ٧ (7)• اِثْنَانِ
(h)• ٨ (8)• ثَمَانِيَةٌ
(i)• ٩ (9)• عَشَرَةٌ
(j)• ١٠ (10)• أَرْبَعَةٌ

표현과 문법

1 연결형

연결형은 두 개의 명사가 연속으로 와서 특정한 의미(복합어나 소유관계)를 표현하는 것을 말한다. 이때 앞에 오는 명사(제1연결어)는 정관사나 탄윈이 없고, 뒤에 오는 명사(제2연결어)는 반드시 소유격이어야 한다.

خَمْسَةُ دَنَانِيرَ	5 디나르
نِصْفُ دِرْهَمٍ	1/2 디르함
ثَمَنُ الْحِذَاءِ	신발 가격
سِعْرُ الْقَمِيصِ	셔츠 가격

연습

[연습-3] 그림 속의 물건과 개수를 아랍어로 표현해 봅시다.

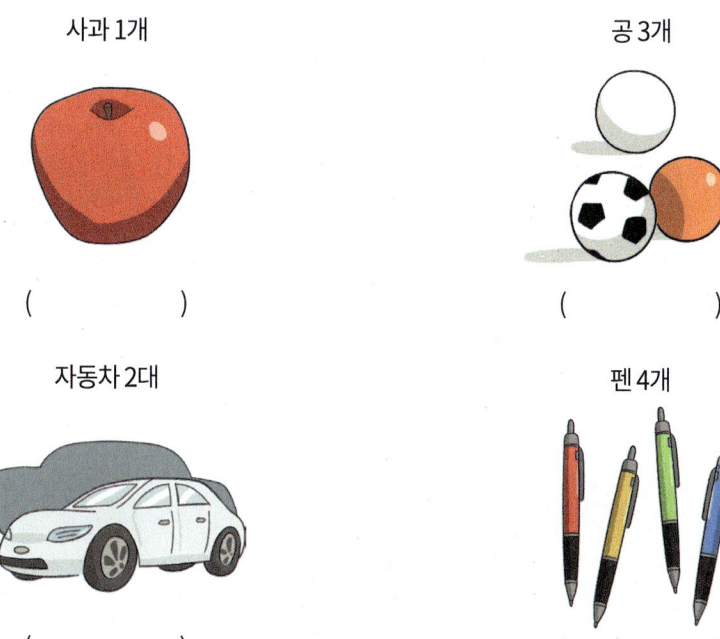

표현과 문법

2 색깔 표현하기

색깔을 나타내는 낱말은 2격 변화하며 주격은 أَفْعَل 형, 소유격과 목적격은 أَفْعَل 형이다. 주로 사용되는 색깔 표현은 다음과 같다. 또한 색깔은 사물 명사의 관계형용사 형태로 표현되기도 한다.

파란색의	أَزْرَقُ	검정색의	أَسْوَدُ
흰색의	أَبْيَضُ	빨간색의	أَحْمَرُ
갈색의	أَسْمَرُ	노란색의	أَصْفَرُ
바다색의	بَحْرِيٌّ	녹색의	أَخْضَرُ
장미색의	وَرْدِيٌّ	오렌지색의	بُرْتُقَالِيٌّ
회색의	رَمَادِيٌّ	커피색의	بُنِّيٌّ

연습

[연습-4] 다음 사물의 그림을 보고 그 색을 빈칸에 써 봅시다.

파란색 바지   검은색 신발

_____ اَلْبَنْطَلُونُ   _____ اَلْحِذَاءُ

노란색 공책   흰색 셔츠

_____ اَلْبُرْتُقَالُ   _____ اَلْقَمِيصُ

표현과 문법

[연습-5] 그림을 보고, 물음에 아랍어로 답해 봅시다.

A: هَلْ عِنْدَكَ مَوْزٌ؟
B: _____

A: بِكَمْ هَذَا الْقَمِيصُ؟
B: _____

[연습-6] 다음 그림을 보고 가격 묻기 대화를 해 봅시다.

과일 가게

서점

옷 가게

신발 가게

표현과 문법

연습

[연습-7] 친구와 함께 문방구점의 상인과 손님이 되어 역할놀이를 해 봅시다.

문방구 모습

어휘와 표현

دِينَارٌ	디나르
كَمْ	얼마(의문사)
ثَمَنٌ	가격
سِعْرٌ	가격
جُنَيْةٌ	주나이흐
حِذَاءٌ	신발
قَمِيصٌ	셔츠
مَوْزٌ	바나나
دَفْتَرٌ	공책
دَنَانِيرُ	디나르들
نِصْفٌ	절반, 2분의 1
دِرْهَمٌ	디르함
بَنْطَلُونٌ	바지
بُرْتُقَالٌ	오렌지

문화

아랍 각국의 화폐

아랍 각국에는 고유의 화폐가 있다. 동일한 화폐 단위를 사용하더라도 그 가치는 국가에 따라 다르다. 이러한 화폐의 이름은 대부분 그리스어, 라틴어, 유럽어에서 차용되었다. 아랍 각국이 사용하는 화폐 단위는 다음 표와 같다.

디나르 دِينَارٌ	쿠웨이트, 바레인, 요르단, 이라크, 리비아, 튀니지, 알제리	
리얄 رِيَالٌ	사우디아라비아, 오만, 카타르, 예멘	
디르함 دِرْهَمٌ	아랍에미리트, 모로코	
리라 لِيرَةٌ	시리아, 레바논	
주나이흐 جُنَيْهٌ	이집트, 수단	

كَمِ السَّاعَةُ الآنَ؟

학습 목표

- 시각 표현
- 의문사 'كَمْ'
- 이슬람력과 아랍명절

말하기와 읽기

1 시각 묻고 답하기

과거 아랍인들은 해와 별의 위치를 보고 시각을 계산하였고, 정확한 시각보다는 일출, 정오, 오후, 일몰, 저녁 등 하루 다섯 번 진행되는 이슬람 기도시간을 지역 주민들에게 알림으로써 표준 시간을 공유해왔다. 물론 오늘날에는 시계, 스마트폰을 활용하여 정확한 시각을 확인한다.

시각을 질문할 때는 주로 의문사 كَمْ(어떻게)을 의문문의 제일 앞에 두어 활용하고, 답할 때 시각의 표현은 서수사를 이용하기 때문에 본 과에서는 서수사 중 우선 1부터 12까지 학습할 예정이다. 또한 '몇 시'라는 표현에서 사용되는 명사 'اَلسَّاعَةُ'는 시각뿐만 아니라 시간의 의미도 갖는다.

2 시각 표현

시각은, 명사 اَلسَّاعَةُ 와 فَاعِلٌ 형태의 서수사 여성형으로 구성하여 표현한다. 11시와 12시는 서수사 11과 12가 항상 목적격을 취하기 때문에 시각을 표현할 때도 문맥에 상관없이 목적격을 취한다.

말하기와 읽기

7시	اَلسَّاعَةُ السَّابِعَةُ	1시	اَلسَّاعَةُ الْوَاحِدَةُ
8시	اَلسَّاعَةُ الثَّامِنَةُ	2시	اَلسَّاعَةُ الثَّانِيَةُ
9시	اَلسَّاعَةُ التَّاسِعَةُ	3시	اَلسَّاعَةُ الثَّالِثَةُ
10시	اَلسَّاعَةُ الْعَاشِرَةُ	4시	اَلسَّاعَةُ الرَّابِعَةُ
11시	اَلسَّاعَةُ الْحَادِيَةَ عَشْرَةَ	5시	اَلسَّاعَةُ الْخَامِسَةُ
12시	اَلسَّاعَةُ الثَّانِيَةَ عَشْرَةَ	6시	اَلسَّاعَةُ السَّادِسَةُ

연습

 [연습-1] 시각을 묻고 답하는 녹음을 듣고, 그대로 따라 말해 봅시다.

[연습-2] 다음의 시계를 보면서 시각을 정확하게 말해 봅시다.

❷    ❶

❹    ❸

제12과 كَمِ السَّاعَةُ الْآنَ؟ · 143

말하기와 읽기

3 시각의 분 단위 표현

'몇 시에' 무엇을 할 것인지 물을 때는 'فِي أَيِّ سَاعَةٍ' 표현을 사용한다. 이 때 분 단위의 표현은 아래와 같다. 15분(1/4), 20분(1/3), 30분(1/2) 등은 분수를 활용하고 나머지 5분, 10분, 25분 등은 기수로 표현한다.

20분	اَلثُّلْثُ	5분	خَمْسُ دَقَائِقَ
25분	خَمْسٌ وَعِشْرُونَ دَقِيقَةً	10분	عَشْرُ دَقَائِقَ
30분	اَلنِّصْفُ	15분	اَلرُّبْعُ

말하기와 읽기

또한 분 단위 표현에서 30분까지는 몇 시에 몇 분을 더하다는 개념으로 접속사 'وَ'를 분 단위 앞에 붙여 쓰고, 40분 이상의 분 단위는 정각에서 15분, 20분을 뺀다는 의미로 전치사 'إِلَّا'를 활용하여 표현한다.

اَلسَّاعَةُ الْوَاحِدَةُ وَخَمْسُ دَقَائِقَ	1시 5분	اَلسَّاعَةُ الْخَامِسَةُ إِلَّا ثُلْثًا	4시 40분
اَلسَّاعَةُ الثَّانِيَةُ وَالرُّبْعُ	2시 15분	اَلسَّاعَةُ السَّادِسَةُ إِلَّا رُبْعًا	5시 45분
اَلسَّاعَةُ الثَّالِثَةُ وَالنِّصْفُ	3시 30분	اَلسَّاعَةُ السَّابِعَةُ إِلَّا عَشْرَ دَقَائِقَ	6시 50분

연습

 [연습-3] 분 단위가 포함된 시각을 묻고 답하는 녹음을 듣고, 그대로 따라 말해 봅시다.

❶
A: كَمِ السَّاعَةُ الْآنَ؟
B: اَلسَّاعَةُ الْخَامِسَةُ إِلَّا رُبْعًا.

❷
A: كَمِ السَّاعَةُ الْآنَ؟
B: اَلسَّاعَةُ الثَّانِيَةُ وَخَمْسُ دَقَائِقَ.

표현과 문법

1 의문사 كَمْ

의문사 كَمْ 은 뒤에 '단수 주격 한정 명사'를 취하여 시각뿐만 아니라 가격, 무게 등을 물을 때 사용된다.

지금 몇 시입니까?	كَمِ السَّاعَةُ الْآنَ؟
이 사과는(의 가격은) 얼마입니까?	كَمْ ثَمَنُ هَذَا التُّفَّاحِ؟
당신의 몸무게는 얼마입니까?	كَمْ وَزْنُكَ؟
교실에 몇 명의 학생이 있습니까?	كَمْ عَدَدُ الطُّلَّابِ فِي الْفَصْلِ؟

연습

 [연습-4] 다음 대화를 듣고 그대로 따라 말해 봅시다.

❶ A: مَتَى تَحْضُرُ إِلَى الْمَدْرَسَةِ؟
B: أَحْضُرُ إِلَى الْمَدْرَسَةِ فِي السَّابِعَةِ وَالنِّصْفِ صَبَاحًا.

❷ A: فِي أَيِّ سَاعَةٍ تَنَامُ؟
B: أَنَامُ فِي السَّاعَةِ الْحَادِيَةَ عَشْرَةَ لَيْلًا.

2 시간 관련 부사의 표현

시간과 관련한 부사는, 동일한 의미를 가진 명사(아침, 정오, 오후, 저녁)의 '단수 목적격 비한정'으로 변경하여(아침에, 정오에, 오후에, 저녁에) 사용한다.

표현과 문법

나는 아침 7시에 학교에 도착합니다.	أَحْضُرُ إِلَى الْمَدْرَسَةِ فِي السَّابِعَةِ صَبَاحًا.
나는 정오에 점심 식사를 합니다.	أَتَنَاوَلُ الْغَدَاءَ ظُهْرًا.
나는 오후에 약속이 있습니다.	عِنْدِي مَوْعِدٌ مَسَاءً.
나는 아침 6시에 일어납니다.	أَقُومُ مِنَ النَّوْمِ فِي السَّادِسَةِ صَبَاحًا.
나는 평소 저녁 10시에 잡니다.	أَنَامُ عَادَةً فِي السَّاعَةِ الْعَاشِرَةِ لَيْلًا.

연습

 [연습-5] 시간 관련 부사를 활용한 대화를 듣고 그대로 따라 말해 봅시다.

❶ A: مَتَى تَحْضُرُ إِلَى الْمَدْرَسَةِ؟
B: أَحْضُرُ إِلَى الْمَدْرَسَةِ فِي السَّاعَةِ السَّابِعَةِ وَالنِّصْفِ صَبَاحًا.

❷ A: فِي أَيِّ سَاعَةٍ تَنَامُ؟
B: أَنَامُ عَادَةً فِي السَّاعَةِ الْحَادِيَةَ عَشْرَةَ لَيْلًا.

❸ A: مَتَى تَتَنَاوَلُ الْغَدَاءَ؟
B: أَتَنَاوَلُ الْغَدَاءَ ظُهْرًا.

[연습-6] 다음의 상황에서 시각을 정확히 쓰고 말해 봅시다.

❷

❶

❹

❸

표현과 문법

연습

🎧 **[연습-7]** 녹음된 대화의 내용과 알맞은 상황의 그림을 순서대로 선택해 봅시다.

[연습-8] 하루 일과를 시간대별로 구성하고 정확하게 말해 봅시다.

어휘와 표현

سَاعَةٌ	시각; 시간
تَحْضُرُ إِلَى	당신(남)은 간다; 도착한다; 참석한다
مَكْتَبٌ	사무실; 책상
ثَمَنٌ	가격
تُفَّاحٌ	사과(과일)
وَزْنٌ	무게
عَدَدٌ	수, 숫자
فَصْلٌ	교실; 계절
عِنْدِي	나는 가지고 있다(나에게 …이 있다)
مَوْعِدٌ	약속(시간, 장소)
أَقُومُ	나는 일어난다
نَوْمٌ	잠
أَنَامُ	나는 잠을 잔다
عَادَةً	평소, 일반적으로

문화

이슬람력

아랍 국가에서는 서력과 태음력의 하나인 이슬람력을 사용한다. 북부 아프리카에 위치한 국가들은 주로 서력을 사용하고, 아라비아 반도에 위치한 국가들은 이슬람력을 사용하지만 대부분 혼용하고 있다. 하지만 사우디아라비아는 국내에서만큼은 이슬람력만을 사용한다.

이슬람력은 이슬람의 창시자이자 예언자 무함마드가 첫 계시를 받은 도시 메카에서 북으로 약 450km 떨어진 도시 메디나로 이주(اَلْهِجْرَة, Hizra)한 서기 622년 7월15일부터 시작한다고 해서 '히즈라력'으로 불리기도 한다.

또한 이슬람력은 태양의 이동이 아닌 달의 움직임을 기준으로 하는 태음력을 따르고 있어서 매년 11일씩 앞당겨진다. 이 때문에 이슬람의 최대 기념일이자 명절인 금식월(رَمَضَان, Ramadan)과 성지순례(اَلْحَجّ, Hajj)의 시작일과 종료일이 서로 다르고, 햇수가 지나면서 봄, 여름, 가을, 겨울 등 계절을 달리하게 된다.

아랍의 명절

아랍 사회의 독특한 문화 중 하나는 개인의 생일을 기념하지 않는다는 점이다. 물론 시대가 급변하면서 젊은 세대를 중심으로 개인의 생일을 기념하는 경우가 종종 있지만 대부분 생일 기념 행사를 하지 않는 편이다.

아랍인의 기념일 또는 명절은 주로 종교 축제와 연관되어 있다. 아랍 사회에서 가장 큰 명절은 '금식 종료절(عِيدُ الفِطْرِ)'과 '희생절(عِيدُ الأَضْحَى)'이다. 금식 종료절은 금식월(라마단)을 마치고 이슬람력 10월1일에 시작하는 명절로서 가족, 친지가 한 자리에 모여서 금식을 무사히 마친 것을 서로 격려하고 그동안 먹지 못한 음식들을 먹거나 가난한 자들에게 베푸는 기간이다. 희생절은 이슬람력 12월에 시작하는 성지순례 10일 차에 시작하는 명절로서 희생 제물로 양을 잡아 이웃들과 함께 나누어 먹으며 성지순례를 기념하는 축제이다.

금식 종료절과 희생절에는 가족, 친척 간에 서로 방문하고, 선물을 주고 받거나 덕담을 나눈다. 이 기간에 아랍인들은 악수를 하며 "행복한 명절 되십시오(عِيدٌ سَعِيدٌ), "축복받은 명절 되십시오(عِيدٌ مُبَارَكٌ)", "새해 복 많이 받으십시오(كُلُّ عَامٍ وَأَنْتُمْ بِخَيْرٍ)" 등의 인사말을 건넨다.

MEMO

أَيْنَ مَحَطَّةُ الْمِتْرُو؟

학습 목표

- 수식 표현
- 주어와 술어의 도치
- 길 안내하기
- '가다' 동사
- 교통 수단
- 결혼 관습

말하기와 읽기

1 수식 표현

아랍어에서 수식어는 피수식어 뒤에 온다. 이때 수식어는 피수식어와 성, 수, 격, 한정·비한정 상태가 모두 일치되어야 한다.

사미는 관대한 사람이다.	سَامِي رَجُلٌ كَرِيمٌ.
저 키 큰 학생의 이름이 무엇이니?	مَا اسْمُ ذَلِكَ الطَّالِبِ الطَّوِيلِ؟
새로 오신 우리 교수님은 이라크에서 오셨다.	أُسْتَاذَتُنَا الْجَدِيدَةُ مِنَ الْعِرَاقِ.

2 주어와 술어의 도치

주어와 술어로 구성된 명사문에서 주어가 술어 뒤에 오는 경우가 있다.

① 주어가 비한정일 경우

(저기에) 시장이 있다.	هُنَاكَ سُوقٌ.
한국에는 많은 섬이 있다.	فِي كُورِيَا جُزُرٌ كَثِيرَةٌ.
학교에는 큰 운동장이 있다.	فِي الْمَدْرَسَةِ مَلْعَبٌ كَبِيرٌ.
나의 집과 나의 학교 사이에는 오래된 서점이 있다.	بَيْنَ بَيْتِي وَمَدْرَسَتِي مَكْتَبَةٌ قَدِيمَةٌ.

② 인사말의 대답에서

그 평화가 당신들 위에 있기를. (인사말)	اَلسَّلَامُ عَلَيْكُمْ.
당신들에게도 그 평화가 있기를. (대답)	← وَعَلَيْكُمُ اَلسَّلَامُ

말하기와 읽기

③ 술어를 강조하기 위해서

흡연금지	مَمْنُوعٌ التَّدْخِينُ.
촬영금지	مَمْنُوعٌ التَّصْوِيرُ.
출입금지	مَمْنُوعٌ الدُّخُولُ.
주차금지	مَمْنُوعٌ الْوُقُوفُ.
취식금지	مَمْنُوعٌ الْأَكْلُ وَالشَّرْبُ.
여기에 앉지 마시오.	مَمْنُوعٌ الْجُلُوسُ هُنَا.
전화기 사용금지	مَمْنُوعٌ اسْتِخْدَامُ الْهَاتِفِ.

❸ 길 안내 표현

실례지만, 버스정류장이 어디입니까?	A: لَوْ سَمَحْتَ، أَيْنَ مَوْقِفُ الْأُوتُوبِيسِ؟
(버스)정류장이 여기서 멀지 않습니다.	B: اَلْمَوْقِفُ لَيْسَ بَعِيدًا عَنْ هُنَا.
거기에 어떻게 가나요?	A: كَيْفَ أَذْهَبُ إِلَيْهِ؟
이리로 조금만 가세요.	B: اِمْشِ مِنْ هُنَا قَلِيلًا.

말하기와 읽기

연 습

[연습-1] 사진에 어울리는 표현을 찾아서 연결하시오.

(a)• مَمْنُوعٌ الْجُلُوسُ هُنَا.   •❶

(b)• مَمْنُوعٌ اسْتِخْدَامُ الْهَاتِفِ.   •❷

(c)• مَمْنُوعٌ الدُّخُولُ.   •❸

(d)• مَمْنُوعٌ الْوُقُوفُ.   •❹

(e)• مَمْنُوعٌ الْأَكْلُ وَالشَّرْبُ.   •❺

(f)• مَمْنُوعٌ التَّدْخِينُ.   •❻

말하기와 읽기

연습

[연습-2] 지도에 있는 건물명을 빈칸에 알맞게 써 넣으시오.

❶ أَنَا مِينْ سُو. أَنَا أَمَامَ _____ الْآنَ.

❷ شَرِكَتِي بَيْنَ مَحَلٍّ _____.

❸ مُقَابِلُ شَرِكَتِي _____.

❹ عَلَى يَمِينِ شَرِكَتِي _____.

❺ عَلَى يَسَارِ الْمَدْرَسَةِ _____.

❻ _____ خَلْفَ شَرِكَتِي.

표현과 문법

1 미완료 동사 활용

미완료 동사의 행위자의 인칭은 동사 맨 앞 부분에 드러난다. 1인칭과 2인칭은 행위자를 따로 언급하지 않고 동사만을 사용해서 표현한다.

	1인칭 (공통)	2인칭 (남성형)	2인칭 (여성형)	3인칭 (남성형)	3인칭 (남성형)
가다	أَذْهَبُ	تَذْهَبُ	تَذْهَبِينَ	يَذْهَبُ	تَذْهَبُ
타다	أَرْكَبُ	تَرْكَبُ	تَرْكَبِينَ	يَرْكَبُ	تَرْكَبُ

나는 지금 시내에 갑니다.	أَذْهَبُ إِلَى وَسَطِ الْمَدِينَةِ الْآنَ.
나는 내일 경복궁에 가기를 원한다.	أُرِيدُ أَنْ أَذْهَبَ إِلَى قَصْرِ غِيُونغ بُوك غَدًا.

2 장소와 거리를 나타내는 부사어

가까운	먼	앞에	건너 편에	옆에
قَرِيبٌ (مِنْ)	بَعِيدٌ (عَنْ)	أَمَامَ	مُقَابِلَ	بِجَانِبِ
뒤에	뒤에	오른쪽에	왼쪽에	사이에
خَلْفَ	وَرَاءَ	عَلَى الْيَمِينِ	عَلَى الْيَسَارِ	بَيْنَ

나의 집은 이곳에서 가깝다.	بَيْتِي قَرِيبٌ مِنْ هُنَا.
나의 학교는 나의 집에서 멀다.	مَدْرَسَتِي بَعِيدَةٌ عَنْ بَيْتِي.

표현과 문법

전철역과 병원 사이에 유명한 전자 회사가 있다.	بَيْنَ مَحَطَّةِ الْمِتْرُو وَالْمُسْتَشْفَى شَرِكَةٌ إِلِكْتُرُونِيَّةٌ مَشْهُورَةٌ.
내 회사 건너편에는 큰 상점들이 있다.	مُقَابِلَ شَرِكَتِي مَحَلَّاتٌ كَبِيرَةٌ.
그 왼쪽에는 고등학교가 있고, 오른쪽에는 은행이 있다.	وَعَلَى يَسَارِهَا مَدْرَسَةٌ ثَانَوِيَّةٌ وَعَلَى يَمِينِهَا بَنْكٌ.

3 교통 수단

버스	버스	택시	전철	자동차	도보로
أُوتُوبِيس	حَافِلَةٌ	تَاكْسِي	مِتْرُو	سَيَّارَةٌ	عَلَى الْأَقْدَامِ

교통 수단을 물을 때는 의문사 كَيْفَ 를 사용하고, 교통 수단을 설명할 때는 '~으로'의 의미인 전치사 بِ 를 이용하여 표현한다.

국립도서관에 어떻게 가나요?	كَيْفَ أَذْهَبُ إِلَى الْمَكْتَبَةِ الْوَطَنِيَّةِ؟
전철로 거기에 갈 수 있습니다.	يُمْكِنُ أَنْ تَذْهَبَ إِلَيْهَا بِالْمِتْرُو.
버스 142번을 타고 갈 수도 있습니다.	يُمْكِنُ أَنْ تَذْهَبَ إِلَيْهَا بِالْأُوتُوبِيسِ رَقْمِ 142 أَيْضًا.
그것은 여기에서 가깝습니다. 도보로 걸어갈 수 있습니다.	هِيَ قَرِيبَةٌ مِنْ هُنَا، يُمْكِنُ أَنْ تَمْشِيَ إِلَيْهَا عَلَى الْأَقْدَامِ.

표현과 문법

연 습

[연습-3] 다음 대화의 빈칸에 들어갈 알맞은 표현을 <보기>에서 찾아서 쓰시오.

보기

(a) اَلْمِتْرُو   (b) اَلْأُوتُوبِيس   (c) قَرِيبَةً

(d) وَسَطِ الْمَدِينَةِ   (e) بَعِيدَةً   (f) مُزْدَحِمَةً

❶ A: أَيْنَ شَرِكَتُكَ؟

B: شَرِكَتِي فِي _____(1)_____ .

❷ A: كَيْفَ تَذْهَبُ إِلَيْهِ؟

B: أَذْهَبُ إِلَيْهِ بِـ _____(2)_____ .

❸ A: أَلَيْسَ الشَّوَارِعُ _____(3)_____ ؟

B: صَحِيحٌ، اَلشَّوَارِعُ مُزْدَحِمَةٌ دَائِمًا.

❹ A: إِذَنْ، لِمَاذَا لَا تَرْكَبُ _____(4)_____ ؟

B: لِأَنَّ مَحَطَّتَهُ لَيْسَتْ _____(5)_____ مِنْ بَيْتِي. وَكَيْفَ تَذْهَبُ إِلَى شَرِكَتِكَ؟

❺ A: أَمْشِي إِلَيْهَا عَلَى الْأَقْدَامِ عَادَةً.

B: آه، شَرِكَتُكَ لَيْسَتْ _____(6)_____ عَنْ بَيْتِكَ.

어휘와 표현

سُوقٌ	시장
جَزِيرَةٌ (ج. جُزُرٌ)	섬 (복수형)
مَلْعَبٌ	운동장
مَمْنُوعٌ	금지된
تَدْخِينٌ	흡연
تَصْوِيرٌ	촬영
بَعِيدٌ	먼
مُقَابِلَ	건너편에
بِجَانِبِ	옆에
عَلَى الْيَمِينِ	오른쪽에
عَلَى الْيَسَارِ	왼쪽에
مُسْتَشْفَى	병원
شَرِكَةٌ	회사
مَحَلٌّ	상점

어휘와 표현

مَكْتَبُ الْبَرِيدِ	우체국
مَوْقِفٌ	정류장, 정거장, 서는 장소
مَحَطَّةٌ	역, 정거장, 정류장
أَذْهَبُ	내가 간다
أَرْكَبُ	내가 탄다
أُوتُوبِيسٌ، حَافِلَةٌ	버스
تَاكْسِي	택시
مِتْرُو	전철, 지하철
سَيَّارَةٌ	자동차
عَلَى الْأَقْدَامِ	도보로
شَارِعٌ (ج. شَوَارِعُ)	거리 (복수형)
مُزْدَحِمٌ (بِـ)	(~으로) 붐비는
وَسَطُ الْمَدِينَةِ	시내
دَائِمًا	항상
عَادَةً	보통, 습관적으로

문화

혼인(اَلزَّوَاجُ)

아랍 세계에서 혼인은 개인 간의 계약일뿐 아니라, 집안 또는 부족 전체의 계약으로 간주된다. 그 이유는 혼인이 신랑과 신부의 대리인(신부의 아버지나 오빠, 또는 집안 남자 어른) 간에 계약을 통해서 이루어지기 때문이다.

결혼은 일반적으로 청혼, 승낙, 마흐르(اَلْمَهْرُ, 신부값) 결정, 약혼 등의 과정을 거쳐서 이루어진다.

왼쪽의 신랑과 악수하는 신부 아버지, 앞에 계약에 참관한 사람은 마우둔이라고 불리는 혼인 계약을 맡은 사람이다

결혼식 당일, 신랑이 신부를 데리러 가는 행렬에 부족 사람들 모두가 동참한다.

도시에서 결혼식을 할 때는 결혼식장이나 호텔에서 주로 한다.

호텔 결혼식(이집트 카이로)

문화

이슬람 세계에서 혼인을 할 때, 신랑이 신부에게 지급하는 신부값은 현금이나 금이 일반적이나, 가난한 사람일 경우에는 코란을 읽어주는 것으로 대신할 수도 있다. 그리고 이혼할 경우에 지급해야하는 후불 마흐르를 약혼할 때 미리 정한다. 일반적으로 선불 마흐르(결혼 전에 지급하는 신부값)보다 이혼할 때 신랑이 지급해야 하는 후불 마흐르 액수가 더 많다.

이렇게 신부값을 결정할 때 자하(الجَاهَة)라고 불리는 양가, 양쪽 마을이나 부족의 어른들이나 유명인이 참가하여 자리를 빛내기도 하고, 신랑과 신부의 위상을 보여주기도 한다.

신랑과 신부 측 어른들이 결혼 계약을 빛내기 위해서 마주 보고 앉아서 인사하는 자리.(요르단, 암만)

아랍 세계에서는 부족 내 순혈주의를 지키기 위해 족내혼(부족 내 혼인)을 많이 한다. 특히, "사촌이 말에서 신부를 내리게 한다."는 유명한 말은 청혼과 승낙을 통해 결혼을 약속한 신부가 신랑네 집으로 가는 도중이라 할지라도 사촌이 결혼하고자 한다면 말을 타고 가는 신부를 되돌릴 수 있을 정도로 사촌에게 결혼 우선권이 있다는 말이다.

هَلْ تَتَكَلَّمُ اللُّغَةَ الْعَرَبِيَّةَ؟

학습 목표

- 언어 학습
- 취미생활
- 쿠야 (اَلْكُنْيَةُ)

말하기와 읽기

1 아랍어의 특성

아랍어는 UN에서 사용되는 6개 공용어 중 하나이고, 중동과 북아프리카 지역 22개국에서 사용되는 언어이다.
VSO(동사+주어+목적어) 어순이 기본 어순인 아랍어에는 다음과 같은 특징이 있다.

① 전치사를 사용한다.

| 나는 지금 집에 있다. | أَنَا فِي الْبَيْتِ الْآنَ. |
| 나는 버스로 학교에 간다. | أَذْهَبُ إِلَى الْمَدْرَسَةِ بِالْأُوتُوبِيسِ. |

② 수식어가 피수식어 뒤에 온다.

| 나에게는 작은 집이 있다. | عِنْدِي بَيْتٌ صَغِيرٌ. |
| (저기에) 오래된 은행이 있다. | هُنَاكَ بَنْكٌ قَدِيمٌ. |

③ 의문사가 문장 맨 앞에 온다.

| 너에게 새 자동차가 있니? | هَلْ عِنْدَكِ سَيَّارَةٌ جَدِيدَةٌ؟ |
| 당신은 무엇을 원하십니까? | مَاذَا تُرِيدُ؟ |

④ 부사가 형용사나 동사 뒤에 온다.

| 전철은 굉장히 빠르다. | اَلْمِتْرُو سَرِيعٌ جِدًّا. |
| 나는 한국어를 매우 좋아한다. | أُحِبُّ اللُّغَةَ الْكُورِيَّةَ كَثِيرًا. |

말하기와 읽기

⑤ 연결형(복합어) 구조에서 뒤에 오는 단어는 소유격이다.

가을철은 아름답다.	فَصْلُ الرَّبِيعِ جَمِيلٌ.
살림의 자동차는 새 것이다.	سَيَّارَةُ سَالِمٍ جَدِيدَةٌ.

⑥ 조동사가 본동사 앞에 온다.

살림은 아랍어를 배우고 있었다.	كَانَ سَالِمٌ يَدْرُسُ اللُّغَةَ الْعَرَبِيَّةَ.
나는 내 친구네 집에 가고 있었다.	كُنْتُ أَذْهَبُ إِلَى بَيْتِ صَدِيقِي.

2 UN 공용어

아랍어	اَللُّغَةُ الْعَرَبِيَّةُ	영어	اَللُّغَةُ الْإِنْجِلِيزِيَّةُ
스페인어	اَللُّغَةُ الْإِسْبَانِيَّةُ	중국어	اَللُّغَةُ الصِّينِيَّةُ
러시아어	اَللُّغَةُ الرُّوسِيَّةُ	프랑스어	اَللُّغَةُ الْفَرَنْسِيَّةُ

스페인어는 쉽다.	اَللُّغَةُ الْإِسْبَانِيَّةُ سَهْلَةٌ.
중국어가 스페인어 보다 어렵다.	اَللُّغَةُ الصِّينِيَّةُ أَصْعَبُ مِنَ اللُّغَةِ الْإِسْبَانِيَّةِ.
사미르는 스페인어를 배운다.	يَتَعَلَّمُ سَمِيرٌ اللُّغَةَ الْإِسْبَانِيَّةَ.
사미라는 영어를 배운다.	تَتَعَلَّمُ سَمِيرَةُ اللُّغَةَ الْإِنْجِلِيزِيَّةَ.
진수야, 너 중국어 말하니?	هَلْ تَتَكَلَّمُ اللُّغَةَ الصِّينِيَّةَ، يَا جِينْ سُو؟
아니, 너무 어려워서 중국어 못해.	لَا، لَا أَتَكَلَّمُ اللُّغَةَ الصِّينِيَّةَ لِأَنَّهَا صَعْبَةٌ جِدًّا.
너는 왜 한국어를 공부하니?	لِمَاذَا تَدْرُسُ اللُّغَةَ الْكُورِيَّةَ؟
한국어가 재미있어서 한국어를 공부해.	أَدْرُسُ اللُّغَةَ الْكُورِيَّةَ لِأَنَّهَا مُمْتِعَةٌ.

말하기와 읽기

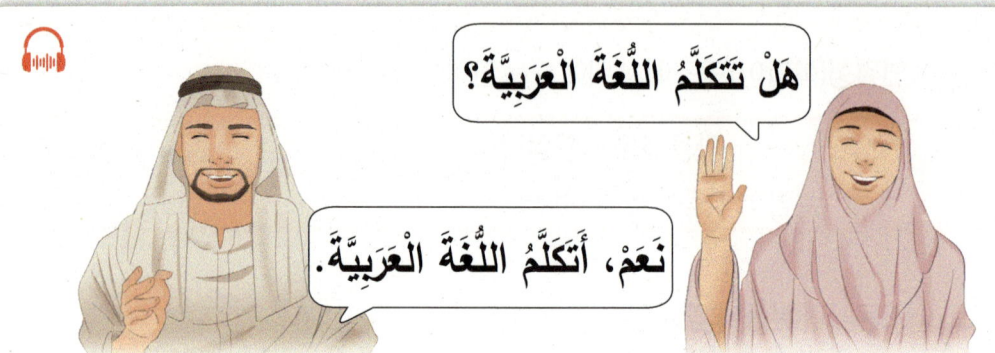

3 취미생활

كُرَةُ السَّلَّةِ	كُرَةُ الْقَدَمِ	اَلرِّيَاضَةُ
농구	축구	운동, 스포츠
اَلطَّبْخُ	التايكوندو	اَلسِّبَاحَةُ
요리	태권도	수영
مُشَاهَدَةُ الْأَفْلَامِ	اَلْأَلْعَابُ الْإِلِكْتْرُونِيَّةُ	اَلْقِرَاءَةُ
영화감상	컴퓨터 게임	독서
اَلِاسْتِمَاعُ إِلَى الْمُوسِيقَى	قِرَاءَةُ الْوِيبْ تُون	اَلسَّفَرُ وَالسِّيَاحَةُ
음악감상	웹툰 보기	여행과 관광

عِنْدِي هِوَايَاتٌ كَثِيرَةٌ.	내게는 많은 취미가 있다.
هَلْ تُحِبُّ الرِّيَاضَةَ؟	너 운동 좋아하니?
نَعَمْ، أُحِبُّ كُرَةَ الْقَدَمِ.	그래, 나는 축구를 좋아한다.
هَلْ تُحِبُّ مُشَاهَدَةَ الْأَفْلَامِ؟	너 영화 보는 것 좋아하니?
لَا، أُحِبُّ الِاسْتِمَاعَ إِلَى الْمُوسِيقَى الْكِلَاسِيكِيَّةِ.	아니, 나는 클래식 음악 듣는 것을 좋아해.

말하기와 읽기

연습

[연습-1] 다음 사진에 알맞은 취미생활을 빈칸에 쓰시오.

( ) ❷   ( ) ❶

( ) ❹   ( ) ❸

( ) ❻   ( ) ❺

제14과 هَلْ تَتَكَلَّمُ اللُّغَةَ الْعَرَبِيَّةَ؟

표현과 문법

1 미완료 동사 활용

	1인칭 (공통)	2인칭 (남성형)	2인칭 (여성형)	3인칭 (남성형)	3인칭 (여성형)
공부하다	أَدْرُسُ	تَدْرُسُ	تَدْرُسِينَ	يَدْرُسُ	تَدْرُسُ
배우다	أَتَعَلَّمُ	تَتَعَلَّمُ	تَتَعَلَّمِينَ	يَتَعَلَّمُ	تَتَعَلَّمُ
말하다	أَتَكَلَّمُ	تَتَكَلَّمُ	تَتَكَلَّمِينَ	يَتَكَلَّمُ	تَتَكَلَّمُ

나는 아랍어를 공부합니다.	أَدْرُسُ اللُّغَةَ الْعَرَبِيَّةَ.
나는 영어를 배웁니다.	أَتَعَلَّمُ اللُّغَةَ الْإِنْجِلِيزِيَّةَ.
나는 아랍어를 말합니다.	أَتَكَلَّمُ اللُّغَةَ الْعَرَبِيَّةَ.

연습

[연습-2] 주어진 예와 같이 문장 뒤에 주어진 대명사에 맞게 동사 활용형을 써 보시오.

보기
(دَرَسَ) اللُّغَةَ الْإِنْجِلِيزِيَّةَ. (أَنَا) ← أَدْرُسُ اللُّغَةَ الْإِنْجِلِيزِيَّةَ.

❶ هَلْ (دَرَسَ) اللُّغَةَ الْكُورِيَّةَ؟   (أَنْتَ)

❷ نَعَمْ، (دَرَسَ) اللُّغَةَ الْكُورِيَّةَ.   (أَنَا)

❸ هَلْ (تَكَلَّمَ) اللُّغَةَ الصِّينِيَّةَ؟   (أَنْتَ)

❹ لَا، لَا (تَكَلَّمَ) اللُّغَةَ الصِّينِيَّةَ.   (أَنَا)

❺ مَنْ (تَعَلَّمَ) اللُّغَةَ الْعَرَبِيَّةَ؟   (هُوَ)

❻ (تَعَلَّمَ) مَرْيَمُ اللُّغَةَ الْعَرَبِيَّةَ.   (هِيَ)

표현과 문법

2 비교급

형용사의 비교급은 أَفْعَل + مِنْ 의 구조로 사용된다.

비교급의 형태는 다음과 같다. 두 번째와 세 번째 어근이 같은 경우, 중첩 자음을 샷다로 표기한다.

의미	원급	비교급	의미	원급	비교급
큰	كَبِيرٌ	أَكْبَرُ	작은	صَغِيرٌ	أَصْغَرُ
긴	طَوِيلٌ	أَطْوَلُ	짧은	قَصِيرٌ	أَقْصَرُ
예쁜	جَمِيلٌ	أَجْمَلُ	많은	كَثِيرٌ	أَكْثَرُ
새로운	جَدِيدٌ	أَجَدُّ	적은	قَلِيلٌ	أَقَلُّ

사미르는 카림보다 나이가 많다.	سَمِيرٌ أَكْبَرُ مِنْ كَرِيمٍ.
사미라가 카리마보다 키가 더 크다.	سَمِيرَةُ أَطْوَلُ مِنْ كَرِيمَةَ.
비행기가 자동차보다 더 빠르다	اَلطَّائِرَةُ أَسْرَعُ مِنَ السَّيَّارَةِ.
이 셔츠가 제게 크네요, 더 작은 셔츠 있습니까?	هَذَا الْقَمِيصُ كَبِيرٌ عَلَيَّ، هَلْ عِنْدَكَ قَمِيصٌ أَصْغَرُ؟

표현과 문법

연습

[연습-3] 다음 예와 같이 두 문장을 비교급 표현을 사용하여 한 문장으로 써 보시오.

> 보기
> هَذَا كَبِيرٌ. – ذَلِكَ صَغِيرٌ.
> ← هَذَا أَكْبَرُ مِنْ ذَلِكَ.

① هَذِهِ الشَّجَرَةُ طَوِيلَةٌ. – تِلْكَ الشَّجَرَةُ قَصِيرَةٌ.

② هَذِهِ السَّيَّارَةُ صَغِيرَةٌ. – سَيَّارَتُكَ كَبِيرَةٌ.

③ اَلْقَمِيصُ الْأَبْيَضُ جَمِيلٌ. – اَلْقَمِيصُ الْأَزْرَقُ لَيْسَ جَمِيلًا.

④ ذَلِكَ الْبِنَاءُ جَدِيدٌ. – هَذِهِ الْمَكْتَبَةُ قَدِيمَةٌ.

⑤ اَلشِّتَاءُ بَارِدٌ كَثِيرًا فِي رُوسِيَا. – اَلْخَرِيفُ بَارِدٌ قَلِيلًا فِي رُوسِيَا.

[연습-4] 다음 빈칸에 들어갈 알맞은 표현을 쓰시오.

① A: مَا هِوَايَتُكَ؟
B: هِوَايَتِي _____.

② A: أَيَّ رِيَاضَةٍ تُحِبُّ؟
B: _____ وَأَنْتَ؟

③ A: هِوَايَتِي مُشَاهَدَةُ _____.
B: أَيَّ نَوْعٍ مِنَ الْفِيلْمِ تُحِبُّ؟

④ A: أُحِبُّ الْفِيلْمَ الْكُومِيدِي.
B: أُحِبُّ _____ الْفِيلْمَ الْكُومِيدِي أَيْضًا.

어휘와 표현

يَدْرُسُ	(그가) 공부하다
يَتَعَلَّمُ	(그가) 배우다
يَتَكَلَّمُ	(그가) 말하다
اَللُّغَةُ الْعَرَبِيَّةُ	아랍어
اَللُّغَةُ الْإِنْجِلِزِيَّةُ	영어
اَللُّغَةُ الْإِسْبَانِيَّةُ	스페인어
اَللُّغَةُ الصِّينِيَّةُ	중국어
اَللُّغَةُ الرُّوسِيَّةُ	러시아어
اَللُّغَةُ الْفَرَنْسِيَّةُ	프랑스어
أَكْبَرُ	더 큰
أَطْوَلُ	더 긴
أَجْمَلُ	더 예쁜
أَجَدُّ	더 새로운
أَصْغَرُ	더 작은

어휘와 표현

أَقْصَرُ	더 짧은
أَكْثَرُ	더 많은
أَقَلُّ	더 적은
اَلرِّيَاضَةُ	운동, 스포츠
كُرَةُ الْقَدَمِ	축구
كُرَةُ السَّلَّةِ	농구
التايكوندو	태권도
اَلسِّبَاحَةُ	수영
اَلطَّبْخُ	요리
اَلْقِرَاءَةُ	독서
اَلْأَلْعَابُ الْإِلِكْتْرُونِيَّةُ	컴퓨터 게임
مُشَاهَدَةُ الْأَفْلَامِ	영화감상
اَلسَّفَرُ وَالسِّيَاحَةُ	여행과 관광
قِرَاءَةُ الْوِيب تُون	웹툰 보기
اَلِاسْتِمَاعُ إِلَى الْمُوسِيقَى	음악감상

문화

쿤야(اَلْكُنْيَةُ)

우리나라와 마찬가지로 아랍 세계에서도 결혼한 사람의 이름을 함부로 부르지 않고, 관계를 통한 호칭을 사용한다. 이 호칭을 쿤야라고 부르는데, 이 쿤야는 다음과 같은 단어에 아들의 이름을 연결하여 사용된다.

아버지	어머니	삼촌
أَبٌ	أُمٌّ	عَمٌّ

예를 들어서 한 집안의 큰 아들 이름이 '살림'이면 다음과 같이 불린다.

살림 아버지	أَبُو سَالِمٍ
살림 어머니	أُمُّ سَالِمٍ
살림 삼촌	عَمُّ سَالِمٍ

MEMO

هَلْ يُمْكِنُنِي أَنْ أَتَكَلَّمَ مَعَهَا؟

학습 목표

- 전화하기
- '...이 있다'와 '...할 수 있다'의 표현
- 의문대명사 'مَنْ'
- 아랍인의 시간관념과 에티켓

말하기와 읽기

1 전화하기

아랍인이 전화할 때 우리말 '여보세요'에 해당하는 표현은 آلُو이다. 전화 대화의 특성 상 전화를 받는 사람이 먼저 آلُو라고 말하면, 전화를 한 사람이 동일하게 آلُو로 답한다.

만약 전화한 사람을 모르는 경우에는, "누구세요?"라는 표현을 의문사 مَنْ 뒤에 3인칭 단수 미완료 동사 يَتَكَلَّمُ(말하다)를 사용하여 표현한다.

مَنْ يَتَكَلَّمُ (مَعِي)؟	누구신가요?
أَنَا سَمِيرٌ صَدِيقُ إِبْرَاهِيمَ.	저는 이브라힘 친구 사미르입니다.
هَلْ إِبْرَاهِيمُ فِي الْبَيْتِ؟	이브라힘 집에 있나요?
لَا، لَيْسَ فِي الْبَيْتِ الْآنَ.	아니오, 지금 집에 없습니다.
مَتَى يَرْجِعُ إِلَى الْبَيْتِ؟	집에 언제 돌아오나요?
سَيَرْجِعُ فِي حَوَالَيْ السَّاعَةِ الْخَامِسَةِ.	5시 경에 돌아올 겁니다.
سَأَتَّصِلُ بِهِ مَرَّةً ثَانِيَةً.	다시 연락하겠습니다.
لَحْظَةً.	잠시만요.
اِنْتَظِرْ قَلِيلًا.	조금만 기다리세요.
دَقِيقَةً (وَاحِدَةً).	잠깐만요(1분을 기다리세요).

말하기와 읽기

2 "누가/무엇이 …에 있다"의 표현

"사람/사물이 어느 장소에 있다"의 표현은 크게 두 가지로 나뉜다. 먼저 가장 간단한 표현은 영어 "There is"에 해당하는 장소부사 هُنَاكَ 를 활용하고 어순은 영어와 동일하게 هُنَاكَ 뒤에 명사가 놓인다. 다음으로 수동분사(형용사) مَوْجُودٌ (…이 있다)을 활용하여 주어+보어(수동분사)로 구성하는 방법이다. 이때 문장 제일 뒤에 구체적인 장소를 제시할 수도 있다.

هُنَاكَ (الْمُعَلِّمُ) مُحَمَّدٌ.	무함마드 선생님이 계십니다.
هُنَاكَ سَيَّارَةٌ.	자동차가 있습니다.
فَاطِمَةُ مَوْجُودَةٌ فِي الْبَيْتِ.	파티마가 집에 있습니다.
هَلْ أَخُوكَ مَوْجُودٌ الْآنَ؟	당신의 형이 지금 있습니까?
نَعَمْ. أَخِي مَوْجُودٌ فِي غُرْفَتِهِ.	네. 나의 형은 그의 방에 있습니다.

말하기와 읽기

연습

🎧 **[연습-1]** 다음 사진의 상황과 녹음의 내용을 주의해서 듣고 '…이 있다'의 표현을 반복해서 연습해 봅시다.

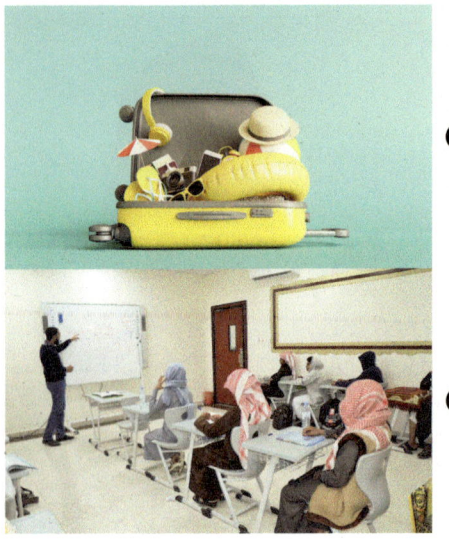

3 가능성의 표현

هَلْ يُمْكِنُنِي أَنْ أَتَكَلَّمَ مَعَهَا؟

نَعَمْ. دَقِيقَةً وَاحِدَةً.

| 180 | · 초급 아랍어 A1

말하기와 읽기

"누구와 통화할 수 있을까요"라고 물을 때는 "هَلْ يُمْكِنُنِي أَنْ أَتَكَلَّمَ مَعَ..."를 활용하면 된다. 이 때 가능성을 나타내는 동사 يُمكن 뒤에 실제 주어를 접미인칭대명사로 두어 사용한다.

나는 내일 테니스를 할 수 있습니다.	يُمْكِنُنِي أَنْ أَلْعَبَ التِّنِس غَدًا.
그는 한국 음식을 요리할 수 있습니다.	يُمْكِنُهُ أَنْ يَطْبُخَ طَعَامًا كُورِيًّا.
당신은 한국어를 할 수 있습니까?	هَلْ يُمْكِنُكَ أَنْ تَتَكَلَّمَ اللُّغَةَ الْكُورِيَّةَ؟

연습

[연습-2] 가능성 표현의 녹음 내용을 반복해서 듣고 따라서 말해 봅시다.

❶ هَلْ يُمْكِنُكَ أَنْ تَتَكَلَّمَ اللُّغَةَ الْعَرَبِيَّةَ؟

❷ نَعَمْ، يُمْكِنُنِي أَنْ أَتَكَلَّمَ اللُّغَةَ الْعَرَبِيَّةَ.

❸ هَلْ يُمْكِنُكِ أَنْ تَطْبُخِي طَعَامًا كُورِيًّا؟

❹ لَا، لَا يُمْكِنُنِي أَنْ أَطْبُخَ طَعَامًا كُورِيًّا.

말하기와 읽기

4 약속 하기

상대방과 전화통화 또는 직접 만나서 약속을 정할 때는 가능하다, 원하다 등을 나타내는 동사(يُمْكِنُ، يُرِيدُ)를 활용하여 표현한다. 이 때 동사는 접속사 أَنْ을 뒤에 둔다.

هَلْ يُمْكِنُكَ أَنْ تَتَنَاوَلَ الْغَدَاءَ مَسَاءً؟

لَا. عِنْدِي مَوْعِدٌ مَسَاءً.

هَلْ تُرِيدُ أَنْ تُشَاهِدَ فِيلْمًا جَدِيدًا الْيَوْمَ؟	당신은 오늘 신작 영화를 보고 싶으세요?
هَلْ يُمْكِنُكِ أَنْ تَذْهَبِي مَعِي الْمَطَارَ؟	당신(여)은 나와 함께 공항에 갈 수 있습니까?
هَلْ يُمْكِنُكَ أَنْ تُسَافِرَ مَعًا إِلَى كُورِيَا فِي هَذِهِ الْعُطْلَةِ؟	당신은 이번 방학에 함께 한국으로 여행을 갈 수 있습니까?

표현과 문법

1 '잠시만 기다리세요'의 표현

아랍인들은 '잠시만 기다리세요'를 아래와 같이 다양한 표현을 활용해서 말한다.

잠시만요(moment)	لَحْظَةً
잠시만요(one minute)	دَقِيقَةً وَاحِدَةً
잠시만 기다리세요(명령문)	اِنْتَظِرْ (اِنْتَظِرِي) قَلِيلًا.
잠시만요(방언)	شُوَيَّه

2 의문사 مَنْ

의문사 مَنْ은 사람과 관련한 의문문을 말할 때 활용되며 다음과 같이 뒤에 명사, 장소 부사, 동사 등을 모두 취할 수 있다.

당신은 누구입니까?(Who are you)	مَنْ أَنْتَ؟
누가 거기에 있습니까?	مَنْ هُنَاكَ؟
누가 교실에 있습니까?	مَنْ مَوْجُودٌ فِي الْفَصْلِ؟
(전화하신 분은) 누구십니까?	مَنْ يَتَكَلَّمُ؟

3 접속사 أَنْ

접속사 أَنْ은 영어에서 접속사 that과 동일하게 뒤에 목적어 또는 의미상 주어가 되는 절(완전한 문장)을 이끈다. 아랍어에서는 접속사 أَنْ 뒤에 미완료 동사가 오면 이 때 미완료는 접속법(마지막 모음이 a로 끝남)을 취한다.

표현과 문법

나는 토요일에 영화관에 가고 싶습니다.	أُرِيدُ أَنْ أَذْهَبَ إِلَى السِّينَمَا فِي يَوْمِ السَّبْتِ.
그는 아랍식당에서 저녁을 먹고 싶어한다.	يُرِيدُ أَنْ يَتَنَاوَلَ الْعَشَاءَ فِي الْمَطْعَمِ الْعَرَبِيِّ.
당신은 내일 함께 농구를 할 수 있습니까?	هَلْ يُمْكِنُكَ أَنْ نَلْعَبَ كُرَةَ السَّلَّةِ مَعًا غَدًا؟

4 미완료 동사 접속형

앞서 설명한 대로 접속사 أَنْ 뒤에 오는 미완료 동사는 인칭과 성에 따라 아래와 같이 접속형의 동사 변화 규칙을 따른다.

의미	1인칭 (공통)	2인칭 (여성형)	2인칭 (남성형)	3인칭 (여성형)	3인칭 (남성형)
놀이하다	أَلْعَبَ	تَلْعَبِي	تَلْعَبَ	تَلْعَبَ	يَلْعَبَ
요리하다	أَطْبُخَ	تَطْبُخِي	تَطْبُخَ	تَطْبُخَ	يَطْبُخَ
먹다	أَتَنَاوَلَ	تَتَنَاوَلِي	تَتَنَاوَلَ	تَتَنَاوَلَ	يَتَنَاوَلَ
여행하다	أُسَافِرَ	تُسَافِرِي	تُسَافِرَ	تُسَافِرَ	يُسَافِرَ

5 요일 표현

아랍인은 요일을 표현할 때 숫자 개념을 활용한다. 예를 들어 일요일은 숫자 1, 월요일 2, 화요일 3, 수요일 4, 목요일 5와 관련된 명사를 활용한다. 단, 금요일은 많은 사람들이 모인다는 의미의 명사를 토요일은 안식, 휴식의 의미를 갖는 단어를 사용한다.

일요일	월요일	화요일	수요일	목요일	금요일	토요일
يَوْمُ الْأَحَدِ	يَوْمُ الْاِثْنَيْنِ	يَوْمُ الثُّلَاثَاءِ	يَوْمُ الْأَرْبِعَاءِ	يَوْمُ الْخَمِيسِ	يَوْمُ الْجُمْعَةِ	يَوْمُ السَّبْتِ

표현과 문법

'…요일에'와 같이 부사로 사용할 경우에는 먼저 전치사 فِي를 앞에 붙여 쓰거나 (فِي يَوْمِ الْجُمْعَةِ) 다음으로 요일의 격을 목적격으로 사용하는(يَوْمَ الْجُمْعَةِ) 두 가지 방법이 있다.

연습

[연습-3] 밑줄 친 미완료 동사를 접속형으로 올바르게 고쳐 써 봅시다.

① هَلْ تُرِيدُ أَنْ <u>يُسَافِرُ</u> إِلَى أُورُبَّا فِي هَذَا الصَّيْفِ؟

② يُمْكِنُهَا أَنْ <u>يَتَكَلَّمُ</u> اللُّغَةَ الْعَرَبِيَّةَ.

③ هَلْ يُمْكِنُكِ أَنْ <u>يَلْعَبُ</u> السِّبَاحَةَ مَعِي يَوْمَ السَّبْتِ؟

④ يُرِيدُ أَخِي أَنْ <u>يَتَنَاوَلُ</u> الْعَشَاءَ خَارِجَ الْبَيْتِ.

[연습-4] 친구 간에 전화통화 장면이다. 다양한 표현을 활용하여 약속을 정해 봅시다.

표현과 문법

[연습-5] 빈칸에 알맞은 표현을 <보기>에서 찾아 써 봅시다.

보기
مَرْحَبًا بِكَ، دَقِيقَةً وَاحِدَةً، مَوْجُودٌ، مَنْ يَتَكَلَّمُ

❶ A : مَرْحَبًا، يَا أَحْمَدُ.
　　B : _____ .

❷ A : هَلْ يُمْكِنُنِي أَنْ أَتَكَلَّمَ مَعَهُ؟
　　B : نَعَمْ. _____ .

❸ A : _____ ؟
　　B : أَنَا سَمِيرٌ، صَدِيقُ مَنْصُورٍ.

❹ A : هَلْ أَحْمَدُ _____ فِي الْبَيْتِ؟
　　B : نَعَمْ. هُوَ الْآنَ فِي غُرْفَتِهِ.

[연습-6] 녹음을 듣고 요일 별 활동 계획을 아랍어로 완성해 봅시다.

요일	활동 계획
يَوْمُ الِاثْنَيْنِ	친구들과 축구하기
يَوْمُ الثُّلَاثَاءِ	학원에서 아랍어 학습하기
يَوْمُ الْأَرْبِعَاءِ	인터넷으로 영어 원어민과 회화 학습
يَوْمُ الْخَمِيسِ	스포츠 클럽에서 수영하기
يَوْمُ الْجُمْعَةِ	가족 저녁 식사
يَوْمُ السَّبْتِ	친구들과 독서 모임
يَوْمُ الْأَحَدِ	집안 청소

어휘와 표현

آلُو	여보세요
يَتَكَلَّمُ	그(남)는 말한다
مُعَلِّمٌ	선생님, 교사
مَوْجُودٌ	(...에) 있는, 존재하는
يُمْكِنُ	그것이 가능하다
يَطْبُخُ	그(남)는 요리한다
طَعَامٌ	음식
اِنْتَظِرْ	기다리시오(명령형)
قَلِيلًا	잠시, 잠깐
تُسَافِرُ	당신(남)은 여행한다
مَطَارٌ	공항
عُطْلَةٌ	방학
خَارِجَ	(...의) 밖에
تِلِيفُون, هَاتِفٌ	전화
هَاتِفٌ مَحْمُولٌ	휴대전화

文化

인샤알라, 아랍인의 시간 관념

1970년대 외국인들은 우리 나라 사람들이 약속을 잘 지키지 않는다 해서 소위 한국시간(Korean Time)이라는 신조어를 만들었다. 이와 유사하게 아랍인들이 약속시간을 잘 지키지 않아 낭패를 보는 경우가 종종 있고, 이러한 현상을 한마디로 '인샤알라(إن شاء الله)' 문화라고 한다.

인샤알라의 언어적 의미는 '알라께서 원하신다면', '알라의 뜻이라면'으로 모든 일이 사람의 의지가 아닌 알라의 의지와 뜻에 달려 있다는 종교적 의미가 강하다.

아랍인들과 교류를 하는 외국인들이 약속을 정할 때 '인샤알라'라는 말을 들으면 약속 이행의 뜻이 없는 것으로 받아들이는 사람이 있다. 하지만 실제로 아랍 사회에서 생활하면 '인샤알라'의 의미가 알라의 뜻에 의해 약속을 지키겠다는 의미로 사용되는 경우를 종종 볼 수 있다.

그럼에도 불구하고 아랍인들이 약속을 정하거나 이행할 때 인샤알라 표현을 말하는 이유는, 본인이 아무리 약속을 지키려고 해도 자연재해, 불가피한 상황에서 약속을 이행할 수 없는 경우 이 모든 일이 알라의 계획 안에 있음을 미리 각인시키기 위한 목적이 크다 할 수 있다.

따리서 아랍인들과 약속을 정할 때 인샤알라 표현을 듣게 될 경우 당황하지 않고 오히려 적극적으로 약속을 이행하려는 의지로 받아들이는 것이 좋다.

아랍인들의 에티켓

아랍문화에는 이슬람 종교적 가치관이 많이 투영되어 있다. 아랍인들의 의식과 행동 기저에는 이슬람의 색깔이 강하게 묻어 있을 수 밖에 없다. 아랍인 대다수가 무슬림이므로, 아랍인의 예절과 에티켓은 이슬람의 허용과 금기 사항에 의존하고 있다. 따라서 아랍인들과의 교류 시 이슬람 문화와 무슬림 에티켓에 대한 이해가 필요하다.

문화

아랍인의 에티켓 중에 가장 먼저 소개할 만한 것이 '오른손 사용 문화'이다. 이슬람에서 오른쪽은 긍정적인 이미지로 왼쪽은 부정적인 이미지로 묘사된다. 일상 생활에서도 아랍인들은 선하고 좋은 일을 할 때 오른손을 사용한다. 예를 들어서 악수할 때, 음식을 먹을 때, 선물을 주고 받을 때, 경전 코란을 만질 때 반드시 오른손을 사용해야 한다. 반대로 용변을 본 후 씻을 때, 코를 풀거나 신발을 닦을 때 왼손을 사용하며 심지어 잠을 잘 때 왼편으로 누워 자는 것을 피한다.

다음으로 손님에 대한 환대 문화를 소개할 만하다. 아랍인들은 전통적으로 열악한 사막에서 유목민으로 생활해 왔기 때문에 사막에서 만난 이방인이나 부족을 방문한 손님을 매우 귀하게 생각하고 극진하게 대접한다. 특히 음식은 손님이 다 먹지 못할 정도의 양을 내어놓거나 손님이 거절할 때까지 음식을 내어온다. 이 때 음식을 모두 다 먹을 필요는 없지만 가능한 한 내어온 음식을 거절하기 보다 적당량을 섭취하는 것이 예법에 맞다. 만약 바닥의 카펫에 앉아 식사를 할 경우에는 발바닥이 상대방에게 보이지 않도록 앉는 것이 좋다.

MEMO

عِنْدِي صُدَاعٌ

학습 목표

- 신체 기관 및 부위 명사
- 병원 및 진료 명사
- 아픔의 표현
- 아랍의 전통 의상

- يَجِبُ أَنْ... 표현
- يَبْدُو أَنَّ... 표현
- (문법) 명령형

말하기와 읽기

1 병원에서

아픔의 표현은 … بِ شَعَرَ를 사용하거나 전치사 عِنْدَ를 사용하여 나타낸다.

	أَشْعُرُ بِأَلَمٍ فِي رَأْسِي.
나는 머리가 아프다.	عِنْدِي أَلَمٌ فِي رَأْسِي.
	عِنْدِي صُدَاعٌ.

두통이 있습니까?	A: هَلْ عِنْدَكَ صُدَاعٌ؟
예, 두통이 있습니다.	B: نَعَمْ، عِنْدِي صُدَاعٌ.
다른 통증이 있습니까?	A: هَلْ عِنْدَكَ أَلَمٌ آخَرُ؟
예, 복통이 있습니다.	B: نَعَمْ، أَشْعُرُ بِأَلَمٍ فِي الْبَطْنِ.

표현과 문법

1 신체 기관 및 부위 명사

عَيْنٌ	وَجْهٌ	رَأْسٌ	جِسْمٌ
눈	얼굴	머리	몸, 신체
حَلْقٌ	فَمٌ	أُذْنٌ	أَنْفٌ
목구멍	입	귀	코
ظَهْرٌ	قَلْبٌ	صَدْرٌ	رَقَبَةٌ
등	심장	가슴	목
قَدَمٌ	رِجْلٌ	يَدٌ	ذِرَاعٌ
발	다리	손	팔

연습

🎧 **[연습-1]** 녹음을 듣고 알맞은 그림을 골라 보시오.

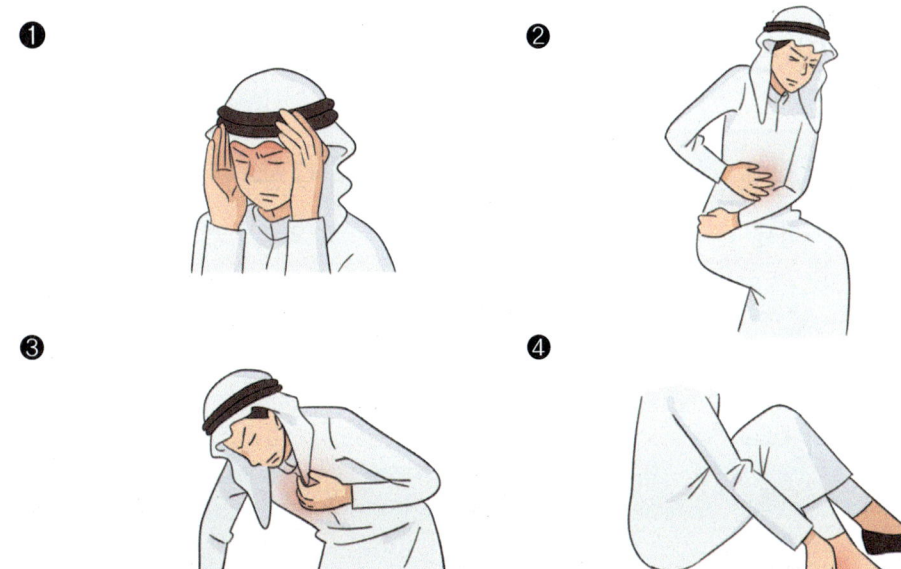

❶   ❷

❸   ❹

표현과 문법

[연습-2] 신체 각 부위의 명칭을 아랍어로 쓰시오.

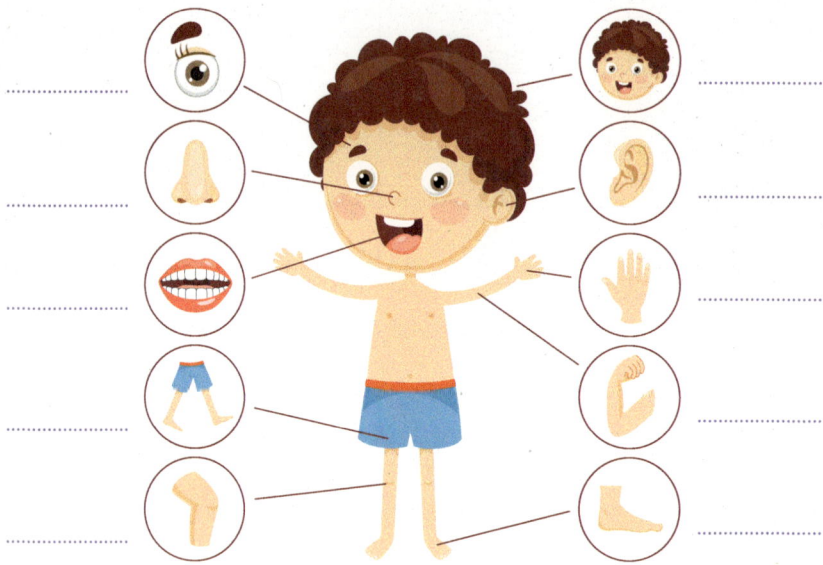

❷ 병원 및 진료 명사

صَيْدَلِيٌّ	طَبِيبٌ	صَيْدَلِيَّةٌ	مُسْتَشْفَى
약사	의사	약국	병원
دَوَاءٌ	وَصْفَةُ الْعِلَاجِ	مَرِيضٌ	مُمَرِّضٌ
약	처방전	환자	간호사
صُدَاعٌ	حَرَارَةٌ	بَرْدٌ	عِلَاجٌ
두통	열	감기	치료
أَشِعَّةُ أَكْس	مِقْيَاسُ الْحَرَارَةِ	قَيْءٌ	الْتِهَابٌ
엑스레이	체온계	구토	염증

표현과 문법

❸ شَعَرَ(느끼다) 동사의 완료 및 미완료 활용 변화

1인칭 (공통)	2인칭 (여성형)	2인칭 (남성형)	3인칭 (여성형)	3인칭 (남성형)
شَعَرْتُ	شَعَرْتِ	شَعَرْتَ	شَعَرَتْ	شَعَرَ
أَشْعُرُ	تَشْعُرِينَ	تَشْعُرُ	تَشْعُرُ	يَشْعُرُ

연습

[연습-3] <보기>에서 알맞은 단어를 골라 빈칸에 써보세요.

> **보기**
> أَلَمٌ، مَاذَا، دَرَجَةُ حَرَارَتِي، وَصْفَةُ الْعِلَاجِ

❶ _____ عِنْدَكَ الْيَوْمَ؟
❷ أَشْعُرُ بِـ _____ فِي بَطْنِي.
❸ لَيْسَتْ _____ عَالِيَةً.
❹ هَا هِيَ _____ .

❹ يَجِبُ أَنْ ... : ~해야만 한다

يَجِبُ أَنْ 은 의무를 뜻하며, 이때 접속사 أَنْ 뒤에는 미완료 동사 접속형이 온다.

يَجِبُ (عَلَيْكَ) أَنْ تَذْهَبَ إِلَى الطَّبِيبِ.	너(남)는 의사에게 가 봐야만 해.
يَجِبُ (عَلَيْكِ) أَنْ تَشْرَبِي مَاءً سَاخِنًا كَثِيرًا.	너(여)는 따뜻한 물을 많이 마셔야 해.

표현과 문법

5 يَبْدُو أَنَّ ... 표현

동사 يَبْدُو (~처럼 보이다) 뒤에는 접속사 أَنَّ 가 오며, أَنَّ 뒤에는 목적격 명사 주어 또는 접미인칭대명사가 온다.

우리 교수님(남)이 아프신 것 같아.	يَبْدُو أَنَّ أُسْتَاذِي مَرِيضٌ.
너(남)는 오늘 매우 피곤해 보인다.	يَبْدُو أَنَّكَ تَعْبَانُ جِدًّا الْيَوْمَ.

연습

[연습-4] 녹음을 듣고 대화문의 빈칸 (a)와 (b)에 알맞은 말을 넣으시오.

اَلطَّبِيبَةُ: مَاذَا عِنْدَكِ؟
لَيْلَى: عِنْدِي بَرْدٌ وَصُدَاعٌ، وَأَشْعُرُ بِأَلَمٍ فِي فَمِي.
اَلطَّبِيبَةُ: هَلْ حَرَارَتُكِ عَالِيَةٌ؟
لَيْلَى: نَعَمْ. _____(a)_____ أَنَّ عِنْدِي حُمَّى.
اَلطَّبِيبَةُ: اِفْتَحِي فَمَكِ وَاسِعًا.
لَيْلَى: لَا أَسْتَطِيعُ أَنْ أَفْتَحَ فَمِي بِسَبَبِ الْأَلَمِ.
اَلطَّبِيبَةُ: _____(b)_____ أَنْ تَفْتَحِي فَمَكِ، لِأَفْحَصَ فَمَكِ. عِنْدَكِ الْتِهَابٌ فِي الْفَمِ. خُذِي هَذَا الدَّوَاءَ.
لَيْلَى: شُكْرًا جَزِيلًا.

6 명령형

1형동사의 직접 명령형을 만들기 위해서는 미완료 동사 단축형의 2인칭에서 주어를 표시하는 첫 번째 글자(تـ)를 알리프(ا)로 바꾼 다음, 특징 모음이 ـُ 일 때는 أُ 를 접두하고, 특징 모음이 ـَ 나 ـِ 일 때는 اِ 를 접두시킨다. 부정 명령형은 미완료 동사 2인칭 단축형을 사용한다.

표현과 문법

완료형	미완료 단축형 2인칭(남성형)	명령형 (여성형)	명령형 (남성형)	명령형의 의미
دَرَسَ	تَدْرُسْ	أُدْرُسِي	أُدْرُسْ	공부하세요
فَتَحَ	تَفْتَحْ	اِفْتَحِي	اِفْتَحْ	여세요
ذَهَبَ	تَذْهَبْ	اِذْهَبِي	اِذْهَبْ	가세요

مِنْ فَضْلِكَ، أَيْنَ الْمَتْحَفُ؟

هُوَ بَعِيدٌ عَنْ هُنَا. اِرْكَبِي الْمِتْرُو.

연습

[연습-5] 다음 그림을 보고 주어진 낱말들을 이용하여 아랍어로 말해 봅시다.

❸ إِلَى الْأَمَامِ   ❷ اَلْمَتْحَفُ   ❶ اِنْزِلْ

표현과 문법

연 습

[연습-6] 대화에 어울리도록 연결하시오.

(a)• شُكْرًا جَزِيلًا.　　　　　　❶• هَلْ عِنْدَكَ قَيْءٌ؟

(b)• لَا. لَيْسَ عِنْدِي قَيْءٌ.　　　❷• هَلْ تَشْعُرُ بِأَلَمٍ فِي قَدَمِكَ؟

(c)• نَعَمْ. أَشْعُرُ بِأَلَمٍ فِي قَدَمِي.　❸• أَتَمَنَّى لَكِ الشِّفَاءَ الْعَاجِلَ.

(d)• نَعَمْ. هَذِهِ وَصْفَةُ الْعِلَاجِ.　　❹• هَلْ عِنْدَكَ وَصْفَةُ الْعِلَاجِ؟

[연습-7] 다음 그림을 보고 주어진 낱말을 이용하여 아랍어로 말해 봅시다.

فَحَصَ

بَرْدٌ

أَلَمٌ

صَيْدَلِيَّةٌ

표현과 문법

[연습-8] <보기>에서 알맞은 단어를 골라 빈칸에 써 넣고 큰소리로 읽어 보세요.

> **보기**
> بِالسَّمَّاعَةِ، حُمَّى، اِفْتَحْ، دَرَجَةُ حَرَارَتِي

① ＿＿＿＿＿＿ فَمَكَ وَاسِعًا.

② عِنْدِي ＿＿＿＿＿＿ خَفِيفَةٌ.

③ لَيْسَتْ ＿＿＿＿＿＿ عَالِيَةً.

④ فَحَصَتِ الطَّبِيبَةُ بَطْنِي ＿＿＿＿＿＿.

[연습-9] 다음 단어들을 재배열하여 완전한 문장으로 만드시오.

① فِي – أَشْعُرُ – صَدْرِي – بِأَلَمٍ

＿＿＿＿＿＿＿＿＿＿＿＿＿＿

② الدَّوَاءَ – ثَلَاثَ مَرَّاتٍ – خُذِي – يَوْمِيًّا

＿＿＿＿＿＿＿＿＿＿＿＿＿＿

③ الطَّبِيبُ – بِالسَّمَّاعَةِ – فَحَصَنِي – بَطْنِي

＿＿＿＿＿＿＿＿＿＿＿＿＿＿

④ إِنْ شَاءَ الله – صِحَّتُكَ – اِسْتَرِحْ – فَتَتَحَسَّنُ

＿＿＿＿＿＿＿＿＿＿＿＿＿＿

어휘와 표현

دَرَجَةُ حَرَارَةٍ	체온
عَالٍ (عَالِيَةٌ)	높은
يَجِبُ	(그는) 해야 한다
سَاخِنٌ	따뜻한, 뜨거운
تَعْبَانُ	피곤한
بِسَبَبِ	~때문에
فَحَصَ	(그는) 검사했다
اِنْزِلْ (اِنْزِلِي)	내려라(여성형)
شِفَاءٌ عَاجِلٌ	빠른 치료(쾌유)
سَمَّاعَةٌ	청진기
ثَلَاثَ مَرَّاتٍ	세 번
صِحَّةٌ	건강
اِسْتَرِحْ (اِسْتَرِيحِي)	쉬어라(여성형)
تَحَسَّنَ	(그는) 호전되었다, 좋아졌다

문화

아랍의 전통 의상

아랍인은 현대 사회에서도 전통 의상을 즐겨 입는다. 전통 의상은 지역, 국가, 성별에 따라 모양과 색깔에 다소 차이가 있다. 가장 보편적인 의상은 질밥, 히잡, 쿠피야와 이깔, 니깝, 아바아 등이 있다.

- 질밥(جِلْبَابٌ)은 길고 넓은 통치마 형태의 의상으로 아랍의 남성과 여성이 즐겨 입는 겉옷이다. 보통 여성들은 흰색, 검정색, 분홍색 등 다양한 색깔의 질밥을 입으며, 남성들은 흰색, 검정색, 회색 등의 무채색을 즐겨 입는다. 여름에는 면처럼 시원한 소재의 천으로 된 질밥을 입으며, 겨울에는 모직 같은 따스한 소재의 천으로 된 질밥을 주로 입는다.

- 히잡(حِجَابٌ)은 여성이 머리카락, 목, 가슴 등을 가리는 천이다. 히잡은 색깔이나 무늬가 다양하다. 일부 여성들은 서구식 의상과 히잡을 동시에 착용하기도 한다. 이슬람은 히잡을 여성의 순결을 보호하는 도구로 보기도 한다.

- 쿠피야(كُوفِيَّةٌ)는 아랍 남성들이 머리에 쓰는 두건이며, 이깔(عِقَالٌ)은 쿠피야를 머리에 고정하는 것이다. 쿠피야는 빨간색과 흰색의 체크 무늬나 검정색이나 흰색의 체크 무늬로 된 것이 많으며, 계절에 따라 면이나 모 등으로 만들어진다. 이깔은 아라비아반도 중부에 거주하던 베두윈들이 처음 사용했다고 전해지며, 원래 낙타의 다리를 묶던 줄을 머리 위에 얹어 주었던 것에서 유래했다고 한다. 오늘날 쿠피야와 이깔은 사우디아라비아, 요르단, 팔레스타인 등지에서 주로 착용 되고 있다.

- 니깝(نِقَابٌ)은 눈을 제외한 얼굴 전체를 가리는 얼굴 가리개용 의상이다. 니깝은 주로 아무런 장식이 없고 속이 비치지 않는 넓은 천으로 만들어 진다.

- 아바아(عَبَاءَةٌ)는 남성과 여성이 외출 시에 착용하는 통이 넓은 겉옷이다. 사우디아라비아, 아랍에미리트, 예멘 등의 일부 여성 무슬림들은 얼굴과 손발을 제외한 전신을 가리는 검정색 아바아를 주로 입는다. 일부 여성들은 니깝과 함께 입기도 한다.

문화

حِجَابٌ

كُوفِيَّةٌ وَ عِقَالٌ

نِقَابٌ

جِلْبَابٌ

عَبَاءَةٌ

سَأُسَافِرُ إِلَى مِصْرَ فِي الْأُسْبُوعِ الْقَادِمِ

학습 목표

- 여행 및 예약 표현
- 환전 표현
- 동사의 미래시제 표현
- 최상급의 표현
- هَا هُوَ، هَا هِيَ... 표현
- 아랍의 유적

말하기와 읽기

1 여행 및 예약 표현

아랍 세계는 유구한 역사와 20여개의 국가로 인해 유적을 포함해 볼거리가 매우 많다. 여행 사이트나 여행 후기를 읽어보면 성지순례, 고대 유적 탐방, 현대적 볼거리를 찾아 아랍 세계로 가는 한국인들이 매우 많다는 것을 알 수 있다. 여행 및 예약 관련 주요 표현들은 다음과 같은 것이 있다.

여행	سَأُسَافِرُ إِلَى مِصْرَ فِي الْأُسْبُوعِ الْقَادِمِ.	나는 다음주에 이집트로 여행할 것이다.
숙박	أُرِيدُ أَنْ أَحْجِزَ فُنْدُقًا.	나는 호텔을 예약하고 싶습니다.
출발	مَوْعِدُ الْقِطَارِ إِلَى بُوسَان فِي السَّاعَةِ الثَّانِيَةِ.	부산으로 가는 기차 시간은 두 시입니다.
도착	سَوْفَ يَصِلُ الْقِطَارُ بَعْدَ سَاعَةٍ.	기차는 한 시간 뒤에 도착할 것입니다.

2 환전 표현

외국으로 여행을 갈 때는 그 나라에서 사용할 화폐로 환전을 해야 하는데, 아랍 세계로 여행할 때 우리 은행에서 아랍 각국의 고유 화폐로 환전을 할 수가 없다. 우선 달러로 환전을 하고, 아랍 세계에 가서 그 나라의 화폐로 다시 환

말하기와 읽기

전을 해야만 한다. 아랍 각국에는 고유의 화폐가 있다. 디나르(دِينَارٌ)는 쿠웨이트, 바레인, 요르단, 이라크, 리비아, 튀니지, 알제리에서 사용되고, 리얄(رِيَالٌ)은 사우디아라비아, 오만, 카타르, 예멘에서 사용된다. 디르함(دِرْهَمٌ)은 아랍에미리트와 모로코에서, 리라(لِيرَةٌ)는 시리아와 레바논에서, 주나이흐(جُنَيْهٌ)는 이집트와 수단에서 사용된다.

كَمْ سِعْرُ الدُّولَارِ؟	달러 가격이 얼마인가요?
أُرِيدُ أَنْ أُغَيِّرَ (أَصْرِفَ) دُولَارًا إِلَى دِينَارٍ.	나는 달러를 디나르로 바꾸고 싶습니다.

연습

[연습-1] 환전하기 관련 표현입니다. 잘 듣고 빈칸에 알맞은 표현을 쓰시오.

❶ A: ＿＿＿＿＿＿＿＿＿＿
B: اَلدُّولَارُ الْوَاحِدُ بِأَلْفِ وُونٍ.

❷ A: مَاذَا تُرِيدُ؟
B: ＿＿＿＿＿＿＿＿＿＿

표현과 문법

1 동사의 미래시제 표현

미래시제는 미완료 동사 직설형 앞에 불변사 سَـ 나 سَوْفَ 를 두어 표현한다. 이때 سَـ 는 미완료 동사에 접두하여 쓰는 반면에, سَوْفَ 는 분리하여 쓴다. 문장 내에 미래를 나타내는 표현이 있는 경우 سَـ 나 سَوْفَ 는 생략하기도 한다.

나는 제주도를 방문할 것이다.	سَأَزُورُ جَزِيرَةَ جِيجُو.
살림은 한국으로 여행할 것이다.	سَوْفَ يُسَافِرُ سَالِمٌ إِلَى كُورِيَا.
나는 다음달에 요르단으로 여행할 것이다.	أَقُومُ بِرِحْلَةٍ إِلَى الْأُرْدُنَّ فِي الشَّهْرِ الْقَادِمِ.

연습

[연습-2] 다음 그림을 보고 주어진 낱말을 이용하여 아랍어로 말해 봅시다.

❶ سَأُسَافِرُ

❷ سَوْفَ يَزُورُ حَسَنٌ

2 최상급

비교급(أَفْعَل)이 연결형의 제1연결어가 되면 최상급이 된다. 이때 제2연결어에는 비한정 단수 소유격 명사나 한정 복수 소유격 명사가 온다. 또한 비교급을 정관사로 한정하면 최상급이 되는데, 이때는 성의 일치에 유의해야 한다.

표현과 문법

اَلنِّيلُ أَطْوَلُ نَهْرٍ فِي إِفْرِيقِيَا.	나일강은 아프리카에서 가장 긴 강이다.
خَانُ الْخَلِيلِيِّ مِنْ أَشْهَرِ الْأَسْوَاقِ فِي الْعَالَمِ الْعَرَبِيِّ.	칸 알칼릴리는 아랍 세계에서 가장 유명한 시장들 중 하나이다.
أَنَا الطَّالِبُ الْأَطْوَلُ فِي فَصْلِي.	나는 우리 반에서 가장 키 큰 학생이다.

연습

[연습-3] 괄호 안의 단어를 이용하여 최상급으로 써 보고 우리말로 해석하세요.

❶ حَسَنٌ (طَوِيلٌ) طَالِبٍ فِي فَصْلِي.

❷ سُومِي (جَمِيلَةٌ) طَالِبَةٍ فِي مَدْرَسَتِنَا.

❸ هَذَا الْقَمِيصُ (كَبِيرٌ) قَمِيصٍ فِي مَحَلِّ الْمَلَابِسِ.

❹ هَذِهِ الْجَامِعَةُ (حَدِيثٌ) جَامِعَةٍ فِي مِصْرَ.

3 هَا هُوَ، هَا هِيَ

'자, 여기 있습니다'라는 표현으로 남성은 هَا هُوَ, 여성은 هَا هِيَ를 사용한다.

هَا هُوَ جَوَازُ سَفَرِي.	자, 여기 여권 있습니다((남성형))
هَا هِيَ الْقَهْوَةُ.	자, 여기 커피 있습니다((여성형))

표현과 문법

연 습

[연습-4] 괄호 안의 단어를 활용하여 대화를 완성하고 큰 소리로 읽어 보세요.

A: أَيُّ خِدْمَةٍ؟
B: (أَرَادَ) أَنْ أَطْلُبَ بَعْضَ الْفَوَاكِهِ.

❶

_____

A: مَتَى يَصِلُ الْقِطَارُ إِلَى مَحَطَّةِ الْأُقْصُرِ؟
B: (وَصَلَ) الْقِطَارُ بَعْدَ سَاعَةٍ وَنِصْفٍ.

❷

_____

A: هَلْ حَجَزْتِ تَذْكِرَةَ الطَّيَرَانِ إِلَى كُورِيَا؟
B: لَا. لَمْ (حَجَزَ) بَعْدُ.

❸

_____

A: إِلَى أَيْنَ تَذْهَبِينَ يَوْمَ الْأَحَدِ الْقَادِمِ، يَا سُومِي؟
B: (ذَهَبَ) إِلَى بَيْتِ جَدِّي مَعَ أُسْرَتِي.

❹

_____

표현과 문법

연 습

[연습-5] 그림을 보고 <보기>와 같이 학급 친구와 역할을 나누어 대화를 해 보세요.

A: أَيْنَ يَقَعُ مَكْتَبُ الْبَرِيدِ؟
B: (بِجَانِبِ، اَلسِّينَمَا) ← يَقَعُ بِجَانِبِ السِّينَمَا.

❶ A: (اَلْبَنْكُ الْمِصْرِيُّ)
B: (وَرَاءَ)

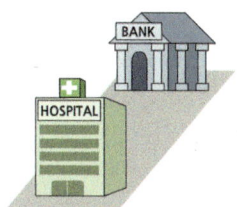

❷ A: (فُنْدُقُ مِصْرَ)
B: (أَمَامَ)

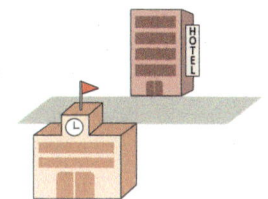

❸ A: (حَدِيقَةُ الْحَيَوَانَاتِ)
B: (فِي يَمِينٍ)

❹ A: (اَلْمَتْحَفُ الْوَطَنِيُّ)
B: (فِي يَسَارٍ)

표현과 문법

연 습

[연습-6] 입국 카드에 들어갈 내용을 써 보시오.

بِطَاقَةُ الدُّخُولِ

رَقْمُ جَوَازِ السَّفَرِ :

اَلِاسْمُ :

تَارِيخُ الْمِيلَادِ :

مَكَانُ الْمِيلَادِ :

اَلْجِنْسِيَّةُ :

اَلْمِهْنَةُ :

سَبَبُ الزِّيَارَةِ :

[연습-7] 다음을 읽고 질문에 답 하시오.

(اَلْأَرْبِعَاءُ) 13 مِنْ فِبْرَايِرْ 2020م

عَزِيزِي مِين سُو

كَيْفَ حَالُكَ؟

أَنَا الْآنَ فِي مَدِينَةِ الْقَاهِرَةِ. وَصَلْتُ إِلَيْهَا قَبْلَ ثَلَاثَةِ أَيَّامٍ.

ذَهَبْتُ إِلَى الْمَتْحَفِ الْوَطَنِيِّ الْمِصْرِيِّ، وَبُرْجِ الْقَاهِرَةِ، وَقَلْعَةِ الصَّلَاحِ الدِّينِ وَإِلَى آخِرِهِ.

وَسَوْفَ أُسَافِرُ إِلَى الْأُقْصُرِ غَدًا صَبَاحًا.

وَسَأَعُودُ إِلَى كُورِيَا بَعْدَ أَرْبَعَةِ أَيَّامٍ.

سَلِّمْ لِي عَلَى أُسْرَتِكَ الْكَرِيمَةِ.

صَدِيقُكَ سَامِي

표현과 문법

❶ مَنْ كَتَبَ هَذِهِ الرِّسَالَةَ؟ _____

❷ فِي أَيَّةِ مَدِينَةٍ كَتَبَ سَامِي هَذِهِ الرِّسَالَةَ؟ _____

❸ إِلَى أَيْنَ سَيُسَافِرُ سَامِي بَعْدَ مَدِينَةِ الْقَاهِرَةِ؟ _____

❹ مَتَى وَصَلَ سَامِي إِلَى الْقَاهِرَةِ؟ _____

❺ مَتَى سَيَعُودُ إِلَى كُورِيَا؟ _____

어휘와 표현

سِعْرٌ	가격
غَيَّرَ	바꾸다, 환전하다
صَرَفَ	환전하다
جَزِيرَةٌ	섬
قَامَ بِـ ...	~을 행하다
إِفْرِيقِيَا	아프리카
سُوقٌ (ج. أَسْوَاقٌ)	시장
مَحَلٌّ	상점, 가게
جَوَازُ سَفَرٍ	여권
تَذْكِرَةٌ	표, 티켓
طَيَرَانٌ	비행
جِنْسِيَّةٌ	국적
مِهْنَةٌ	직업
وَقَعَ	(그것은) 위치했다

문화

아랍의 유적

아랍 세계에는 고대 문명(메소포타미아, 이집트, 나바트, 페니키아, 헬레니즘, 로마, 기독교), 중세 문명 및 근·현대 문명(이슬람)이 중첩되어 있다.

- 메소포타미아문명은 티그리스강과 유프라테스강을 중심으로 하는 바빌로니아문명과 아시리아문명을 가리킨다. 설형문자(쐐기문자), 지구라트, 함무라비법전, 공중정원 등이 유명하다. 지구라트는 일종의 신전인데, 하늘에 있는 신과 지상의 인간들을 연결시키기 위해 신상을 모셔놓은 성소가 정상부에 설치되어 있다. 가장 보존 상태가 좋은 것은 우르의 지구라트이다.

- 이집트문명은 나일강을 중심으로 기원전 3,000년전부터 알렉산더대왕의 후계자인 프톨레마이오스왕조까지 이어진다. 기자 지역에 있는 피라미드군과 스핑크스, 룩소르, 아스완의 아부심벨 신전이 유명하다. 룩소르는 고대 이집트 신왕국시대의 수도인 테베이며 카르낙 신전, 룩소르 신전, 왕들의 계곡, 왕비의 계곡, 하셉수트 장제전 등이 있는 고대 이집트문명의 보고이다. 룩소르는 "세계에서 가장 큰 야외 박물관"이라고 불린다.

- 나바트왕국의 수도인 페트라는 요르단 사막 한 가운데 있는 붉은 바위 틈에 건설되었는데, 좁은 골짜기를 따라 극장과 온수 목욕탕, 상수도 시설을 갖추고 있었다. 페트라는 피라미드와 함께 고대 세계 7대 불가사의로써, 1985년에 유네스코 세계문화유산으로 지정되었다.

- 헬레니즘은 알렉산더대왕 사후부터 로마제국 건설 때까지 약 3세기 동안 그리스문명과 동방문명이 혼합, 융합된 문명이다. 이집트 아스완에 있는 이시스 신전과 시리아의 팔미라, 레바논의 바알벡이 유명하다.

- 로마제국은 기원전 3세기 말경부터 중근동 지역 대부분을 통합하였으며, 이로 인해 이집트와 요르단을 포함하여 지중해 지역 아랍 국가들에 광범위하게 유적이 분포되

문화

어 있다. 요르단의 암만과 제라시, 알제리의 팀가드, 튀니지의 두가 등이 유명하다. 요르단의 제라시는 로마 시대에 건설된 데카폴리스 중 하나로서 보석과 비단, 상아 등의 판매가 이루어지던 사막 대상의 경유지이다. 로마제국의 멸망과 지진으로 인해 폐허가 되었으나 신전, 극장, 열탕, 열주 통로, 포럼 등이 잘 보존되어 있다. 중동의 폼페이로 불린다.

- 기독교 유적들이 이집트, 시리아, 요르단, 이라크, 레바논, 팔레스타인 등에 널리 분포되어 있다. 이 지역에는 이슬람 이전에 유대교와 기독교가 자리잡고 있었고, 로마제국이 중동을 지배하였을 때 기독교가 널리 보급되었다. 요르단에는 32곳에 달하는 로마 카톨릭 교회들이 있으며, 마다바에는 1,500년 된 현존하는 가장 오래된 모자이크 지도가 있는 성 조지 교회가 있다.

- 이슬람유적은 아랍 지역 전역에 걸쳐 분포되어 있으며, 십자군전쟁 당시의 성채들과 헤아릴 수 없을 만큼 많은 모스크가 있다. 이슬람 세계의 가장 대표적인 모스크들로는 3대 모스크(메카의 하람성원, 메디나의 예언자성원, 예루살렘의 악싸사원)를 필두로 카이로의 아즈하르사원, 카이로의 무함마드 알리사원, 다마스쿠스의 다마스쿠스대사원 등이 유명하다.

우르의 지구라트

룩소르 카르낙신전

메카의 하람성원

요르단 제라시

요르단 암만의 로마원형극장

페트라의 카즈네

MEMO

مَبْرُوكٌ

학습 목표

- 축하 표현
- 초대 표현
- 감사 표현
- 가능성의 표현
- هَيَّا 표현
- 아랍의 춤

말하기와 읽기

1 축하 표현

축하 및 감사의 표현은 매우 많다. 일상에서 상대방의 성공이나 생일 등을 축하할 때 مُبَارَك، مَبْرُوكَ، بَارَكَ اللهُ فِيكَ(فِيكِ) 등이 많이 사용된다. 특히 생일을 축하할 때 عِيدُ مِيلَادٍ سَعِيدٌ، كُلُّ عَامٍ وَأَنْتَ(أَنْتِ) بِخَيْرٍ, كُلُّ عَامٍ(سَنَةٍ) 의 표현이 많이 사용되는데, وَأَنْتَ بِخَيْرٍ 은 1년 주기로 동일한 날짜에 돌아오는 행사(생일, 명절, 축제 등)에 주로 사용된다.

명절 축하합니다.	عِيدٌ مُبَارَكٌ.
너(남)의 시험 성공을 축하해.	مَبْرُوكَ عَلَى نَجَاحِكَ فِي الْإِمْتِحَانِ.
매우 축하합니다(천 번의 축하를).	أَلْفُ مَبْرُوكٍ.
생일 축하합니다.	عِيدُ مِيلَادٍ سَعِيدٌ.
생일 축하합니다(생일 축하). 새해 복 많이 받으세요(새해 인사). 즐거운 명절 되세요(명절 기원).	كُلُّ عَامٍ (سَنَةٍ) وَأَنْتَ بِخَيْرٍ.

말하기와 읽기

2 초대 표현

두 시가 적당한가요?	هَلِ السَّاعَةُ الثَّانِيَةُ مُنَاسِبَةٌ لَكَ؟
우리가 오후에 만나는 것이 가능한가요?	هَلْ يُمْكِنُ أَنْ نَتَقَابَلَ بَعْدَ الظُّهْرِ؟
당신(여)을 저녁에 초대하고 싶어요.	أُرِيدُ أَنْ أَدْعُوَكِ لِلْعَشَاءِ.

연습

[연습-1] <보기>에서 적당한 전치사를 골라 문장을 완성해 보세요.

보기
فِي ، مِنْ ، إِلَى ، عَلَى

❶ شُكْرًا لَكَ _____ دَعْوَتِكَ.

❷ أُرِيدُ أَنْ أَدْعُوَكِ _____ جَامِعَتِي.

❸ ذَهَبْتُ إِلَى كَثِيرٍ _____ الْأَحْدَاثِ الْمُمْتِعَةِ.

❹ هَيَّا نُشَارِكْ مَعًا _____ الْمِهْرَجَانِ الثَّقَافِيِّ.

말하기와 읽기

❸ 감사 표현

감사합니다.	شُكْرًا.
매우 감사합니다(천 번의 감사를).	أَلْفُ شُكْرٍ.
(저녁식사에 대해) 당신(여)께 감사드립니다.	أَشْكُرُكِ (عَلَى الْعَشَاءِ).

연습

[연습-2] <보기>에서 알맞은 단어를 골라 빈칸에 써 넣고 큰소리로 읽어 보세요.

보기

شُكْرًا جَزِيلًا ، يُمْكِنُنِي، مِنَ الْأَفْضَلِ

مِين سُو: هَلْ _____ أَنْ أَحْجِزَ فُنْدُقًا فِي دُبَيَّ فِي الشَّهْرِ الْقَادِمِ؟

أَحْمَدُ: لَا. _____ أَنْ تَحْجِزَهُ فِي أَسْرَعِ وَقْتٍ مُمْكِنٍ.

لِأَنَّ فَصْلَ الشِّتَاءِ هُنَا مَوْسِمٌ سِيَاحِيٌّ.

مِين سُو: _____ .

표현과 문법

1 가능성의 표현

동사 يُمْكِنُ 는 가능성을 표현하며 '~할 수 있다'라는 뜻이다. 동사 يُمْكِنُ 에 부가되는 접미인칭대명사는 의미상의 주어가 되고, 그 뒤에 오는 접속사 أَنْ 의 절은 의미상의 목적어이다. 이때 의미상의 주어인 접미인칭대명사와 접속사 أَنْ 뒤에 오는 동사의 주어는 일치해야 한다.

هَلْ يُمْكِنُكَ أَنْ تَذْهَبَ مَعِي؟	너(남)는 나와 함께 갈 수 있니?
يُمْكِنُنِي أَنْ أَتَكَلَّمَ اللُّغَةَ الْكُورِيَّةَ جَيِّدًا.	나는 한국어를 잘 말할 수 있다.

연습

[연습-3] 대화문의 빈칸 (a)와 (b)에 알맞은 가능성의 표현을 넣으시오.

لَيْلَى: هَلْ عِنْدَكِ وَقْتٌ فِي صَبَاحِ الْغَدِ؟
فَاطِمَةُ: لِمَاذَا؟
لَيْلَى: هَلْ _____(a) أَنْ تَذْهَبِي مَعِي إِلَى الْمَطَارِ؟
فَاطِمَةُ: لَا. لَا _____(b) أَنْ أَذْهَبَ مَعَكِ،
لِأَنَّ عِنْدِي دَرْسٌ فِي الْجَامِعَةِ.

표현과 문법

2 هَيَّا : ~합시다

هَيَّا 뒤에 미완료 동사 1인칭 복수형의 단축형이 오면 청유형 '~합시다'의 표현이 된다.

우리 갑시다.	هَيَّا نَذْهَبْ.
우리 아랍어를 공부합시다.	هَيَّا نَدْرُسِ اللُّغَةَ الْعَرَبِيَّةَ.
우리 운동장에서 축구합시다.	هَيَّا نَلْعَبْ كُرَةَ الْقَدَمِ فِي الْمَلْعَبِ.

연습

[연습-4] <보기>에서 알맞은 단어를 골라 빈칸에 써 넣고 큰소리로 읽어 보세요.

보기   دَعْوَتِكَ ، عَزِيزِي ، الْمُخْلِصُ ، أَتَمَنَّى

_____ ❶ سَمِيرٌ

أَشْكُرُكَ عَلَى _____ ❷ إِلَى بَلَدِكَ الْأُرْدُنَّ.

كَانَتِ الْأُرْدُنُّ جَمِيلَةً، وكَانَتِ الرِّحْلَةُ مُمْتِعَةً.

_____ ❸ أَنْ نَلْتَقِيَ فِي كُورِيَا قَرِيبًا.

_____ ❹ صَدِيقُكَ

مِين سُو

표현과 문법

연습

[연습-5] 대화에 어울리도록 연결하시오.

①	(a) وَأَنْتِ بِخَيْرٍ.	أَلْفُ مَبْرُوكِ.
②	(b) لَا، آسِفٌ.	هَيَّا نَلْعَبْ كُرَةَ السَّلَّةِ الْآنَ.
③	(c) شُكْرًا جَزِيلًا.	عِيدُ مِيلَادٍ سَعِيدٌ.
④	(d) بَارَكَ اللهُ فِيكَ.	كُلُّ عَامٍ وَأَنْتِ بِخَيْرٍ.

[연습-6] 초청장을 읽고 다음 대화를 완성하시오.

دَعْوَةٌ

يَتَشَرَّفُ مَحْمُودُ دَرْوِيشٍ بِدَعْوَتِكُمْ لِحُضُورِ حَفْلِ زَوَاجِ ابْنِهِ
"جَمِيلٌ"
وَذَلِكَ يَوْمَ الْخَمِيسِ فِي الْخَامِسِ مِنْ مَارِس 2020م
اَلسَّاعَةَ السَّادِسَةَ بَعْدَ الظُّهْرِ فِي فُنْدُقِ النِّيلِ مَعَ تَنَاوُلِ طَعَامِ الْعَشَاءِ.

❶ A : مَنْ يَدْعُو إِلَى حَفْلِ الزَّوَاجِ؟
B :

❷ A : أَيْنَ يَكُونُ الْحَفْلُ؟
B :

❸ A : مَتَى يَكُونُ الْحَفْلُ؟
B :

❹ A : فِي أَيَّةِ سَاعَةٍ يَبْدَأُ الْحَفْلُ؟
B :

❺ A : فِي أَيِّ يَوْمٍ يَبْدَأُ الْحَفْلُ؟
B :

표현과 문법

> **연 습**

[연습-7] 초대장을 읽고 <보기>의 단어를 사용하여 초대에 대한 답글을 써 보세요.

دَعْوَةٌ

أُرِيدُ أَنْ أَدْعُوَكُمْ إِلَى حَفْلَةِ عِيدِ مِيلَادِي.
فَتَفَضَّلُوا بِزِيَارَةِ بَيْتِي فِي السَّاعَةِ السَّادِسَةِ مَسَاءً يَوْمَ الْجُمْعَةِ الْقَادِمَ.
شُكْرًا لَكُمْ.
مُحَمَّدٌ.

> **보기**
>
> شُكْرًا جَزِيلًا، سَأَزُورُ، عِيدُ مِيلَادٍ سَعِيدٌ

어휘와 표현

نَجَاحٌ	성공
مُنَاسِبَةٌ	적절한, 적합한
تَقَابَلَ	(그는 누구와) 만났다
حَدَثٌ (ج. أَحْدَاثٌ)	사건
مِهْرَجَانٌ	축제
أَفْضَلُ	더 좋은
فِي أَسْرَعِ وَقْتٍ مُمْكِنٍ	가능한 한 빨리
مَوْسِمٌ سِيَاحِيٌّ	관광철(계절)
دَرْسٌ	수업
مُخْلِصٌ	충실한
تَمَنَّى	(그는) 소망했다, 희망했다
تَشَرَّفَ	(그는) 명예를 지녔다
تَنَاوُلٌ	식사
زَوَاجٌ	결혼

문화

아랍의 춤

이슬람 세계에서 춤은 크게 발전하지 못했다. 이는 이슬람이 춤에 대해 냉담하기도 했고, 여성들이 적극적인 활동을 할 수 없었기 때문이기도 했다. 그럼에도 불구하고 대부분의 아랍 국가들에는 오락적인 춤과 예술로서의 춤 뿐만 아니라 민속춤의 전통이 있다.

- 벨리댄스는 이슬람권 여성들이 추는 배꼽춤으로 오리엔탈댄스라고도 한다. 여러가지 설이 있지만 지중해 지역, 중동 및 아프리카에서 시작된 것으로 추정된다. 허리를 재빨리 흔드는 것이 특징인데, 몸통과 허리를 흔들거나 비트는 이 춤이 사막 지역에 사는 민족에게 적합하다는 설도 있다. 모래땅에서는 발이나 손의 동작이 제한됨으로 발을 고정시키고 몸통의 동작에 중점을 두고 춤을 추게 된다는 것이다. 매혹적인 여성이 최소한도로 몸을 가리는 의상을 입고 추는 벨리댄스는 도시에서 발전한 것이다.

- 수피댄스는 수피즘의 종교의식에서 비롯된 춤으로서, 페르시아의 시인이며 종교인이었던 잘랄룻딘 루미가 창시한 것으로 알려져 있다. 두껍고 긴 치마를 입고 원통형의 모자를 쓰고, 머리를 한쪽으로 기울인 채 한 시간 가까이 제자리에서 명상을 하듯 회전한다. 이때 오른팔은 하늘을 향해, 왼팔은 땅을 향해 뻗는데, 하늘에서 신과 합일을 이루고 땅에서 그 축복을 세상 사람들에게 나누어준다는 의미라고 한다. 이슬람의 다른 종파들이 교리나 지식을 강조할 때 수피즘은 댄스를 통해 민중들이 손쉽게 다가갈 수 있는 체험을 강조함으로써 이슬람을 대중화하는 데 기여했다.

- 탄누라댄스는 여러 겹의 형형색색 치마(탄누라)를 입고 나와서 춤을 추는 것이다. 탄누라댄스는 이집트의 대표적인 전통춤으로써 수피춤과 이스티으라디(전시)춤으로 나뉜다. 수피춤은 종교의식으로서의 춤이며, 이스티으라디춤은 각종 민간 행사에서 흥을 돋우기 위해 추는 춤이다. 수피댄스의 변형이라 할 수 있다.

벨리 댄스

수피 댄스

탄누라 댄스

MEMO

هَذَا مُنَاسِبٌ لَكِ

학습 목표

- 사물 묘사
- 쇼핑 관련 표현
- '원하다', '마음에 들다' 표현
- (문법) 명령형
- 아랍의 접대문화

말하기와 읽기

1 사물 묘사 표현

크다	كَبِيرٌ	작다	صَغِيرٌ
길다	طَوِيلٌ	짧다	قَصِيرٌ
싸다	رَخِيصٌ	비싸다	غَالٍ
적당하다	مَعْقُولٌ	…에 어울리다	مُنَاسِبٌ لِ…
치수	مَقَاسٌ	가격	ثَمَنٌ

이것은 너무 깁니다.	هَذَا طَوِيلٌ جِدًّا.
이것은 그에게 작습니다.	هَذَا صَغِيرٌ عَلَيْهِ.
이것보다 더 큰 치수를 원합니다.	أُرِيدُ مَقَاسًا أَكْبَرَ مِنْهُ.
이 양복은 비쌉니다.	هَذِهِ الْبَدْلَةُ غَالِيَةٌ.
이 셔츠가 너무 비쌉니다.	هَذَا الْقَمِيصُ غَالٍ جِدًّا.
더 싼 셔츠 있나요?	هَلْ عِنْدَكَ قَمِيصٌ أَرْخَصُ؟
예, 이것보다 더 싼 셔츠가 있습니다.	نَعَمْ، عِنْدِي قَمِيصٌ أَرْخَصُ مِنْ هَذَا.
이 가격이 적당하지 않네요.	هَذَا الثَّمَنُ غَيْرُ مَعْقُولٍ.

말하기와 읽기

2 쇼핑 관련 표현

쇼핑할 때 많이 사용되는 표현 중에는 다음과 같은 것이 있다.

무엇을 도와드릴까요?	أَيُّ خِدْمَةٍ؟
저에게 어울리는 셔츠를 사고 싶습니다.	أُرِيدُ أَنْ أَشْتَرِيَ قَمِيصًا مُنَاسِبًا لِي.
토마토 1kg이 얼마입니까?	بِكَمِ الْكِيلُو مِنَ الطَّمَاطِمِ؟
1kg당 1.5디나르입니다.	اَلْكِيلُو بِدِينَارٍ وَنِصْفٍ.
감자와 양파도 있나요?	هَلْ عِنْدَكَ الْبَطَاطُ وَالْبَصَلُ أَيْضًا؟
이것은 (가격이) 얼마입니까?	بِكَمْ هَذَا؟
이 가격이 얼마입니까?	كَمْ ثَمَنُهُ؟ كَمْ سِعْرُهُ؟

우리말로 '가격'이라는 표현이 아랍어에서는 소유하는지, 빌려서 사용만 하는지에 따라서 달라진다. 옷이나 야채와 같이 구입해서 소유할 때 지급하는 가격은 ثَمَنٌ 이나 سِعْرٌ 라는 용어를 사용하고, 호텔방이나 택시 등을 빌려 사용하지만 소유하는 대상이 아닌 것에는 أُجْرَةٌ 이라는 표현을 사용한다.

(호텔) 방의 하루 가격이 얼마인가요?	كَمْ أُجْرَةُ الْغُرْفَةِ فِي لَيْلَةٍ؟
지하철 (승차권) 가격이 얼마인가요?	كَمْ أُجْرَةُ الْمِتْرُو؟
이 신발의 가격이 얼마인가요?	كَمْ ثَمَنُ هَذَا الْحِذَاءِ؟
달러 (환전) 가격이 얼마인가요?	كَمْ سِعْرُ الدُّولَارِ؟

말하기와 읽기

3 أَرَادَ (원하다) 동사 단수형 활용 표현

	1인칭 (공통)	2인칭 (남성형)	2인칭 (여성형)	3인칭 (남성형)	3인칭 (여성형)
완료형	أَرَدْتُ	أَرَدْتَ	أَرَدْتِ	أَرَادَ	أَرَادَتْ
미완료형	أُرِيدُ	تُرِيدُ	تُرِيدِينَ	يُرِيدُ	تُرِيدُ

أَيُّ خِدْمَةٍ؟

أُرِيدُ أَنْ أَشْتَرِيَ قَمِيصًا.

옷을 사고 싶습니다.	أُرِيدُ أَنْ أَشْتَرِيَ الْمَلَابِسَ.
어떤 옷을 원하세요?	أَيَّ مَلَابِسَ تُرِيدُ؟
흰 셔츠를 원합니다.	أُرِيدُ قَمِيصًا أَبْيَضَ.
이 셔츠 어떤가요?	مَا رَأْيُكَ فِي هَذَا الْقَمِيصِ؟
이 셔츠가 제게 적당합니다.	هَذَا الْقَمِيصُ مُنَاسِبٌ لِي.

표현과 문법

1 يُعْجِبُ (마음에 들다) 동사

يُعْجِبُ 동사는 타동사로, 주어와 목적어가 필요하다. 이 동사에 접미되어 사용되는 인칭대명사는 목적어이다. 그 뒤에 오는 주어에 따라서 동사의 성이 변화할 수 있다.

이 책이 내 마음에 든다.	يُعْجِبُنِي هَذَا الْكِتَابُ.
이 자동차가 너(여)의 마음에 드니?	هَلْ تُعْجِبُكِ هَذِهِ السَّيَّارَةُ؟
아니, 차 색깔이 마음에 안 들어.	لَا، لَا يُعْجِبُنِي لَوْنُهَا.

2 만족과 불만족 표현

이것은 말도 안돼요, (이것은 적당하지 않아요.)	هَذَا غَيْرُ مَعْقُولٍ.
이 가격이 싸지 않네요.	هَذَا الثَّمَنُ غَيْرُ رَخِيصٍ.
훌륭합니다.	مُمْتَازٌ.

표현과 문법

❸ أَعْطَى(주다) 동사의 명령형

2인칭 단수 명령형	남성형	여성형
	أَعْطِ	أَعْطِي

양파 1kg을 주세요.(남자에게 하는 말)	أَعْطِنِي كِيلُو الْبَصَلِ لَوْ سَمَحْتَ.
이 가방을 주세요.(여자에게 하는 말)	أَعْطِينِي هَذِهِ الْحَقِيبَةَ لَوْ سَمَحْتِ.

연습

[연습-1] 녹음을 듣고 빈칸을 채우시오.

❶ _____ هَذَا الْبَيْتُ.

❷ _____ هَذِهِ الْمَلَابِسُ.

❸ كَمْ _____ هَذَا الْقَمِيصِ؟

❹ اَلسِّعْرُ غَيْرُ _____.

[연습-2] 주어진 대명사에 맞게 밑줄 친 동사의 활용형을 쓰시오.

❶ <u>أَرَادَ</u> أَنْ أَذْهَبَ إِلَى سُوقِ نَامْ دَاي مُون. (أَنَا)

❷ <u>أَرَادَ</u> أَنْ يَشْتَرِيَ الطَّمَاطِمَ. (هُوَ)

❸ <u>يُرِيدُ</u> أَنْ تَدْرُسِي اللُّغَةَ الْكُورِيَّةَ. (أَنْتِ)

❹ <u>يُرِيدُ</u> أَنْ تَتَعَلَّمَ السِّبَاحَةَ. (هِيَ)

표현과 문법

[연습-3] 빈칸에 알맞은 말을 <보기>에서 찾아 써 보시오.

> **보기**
> كَبِيرٌ   قَلَمًا   قَصِيرَةٌ   غَالٍ

❶ هَذَا الْبَيْتُ _____ جِدًّا.

❷ هَذِهِ الْمَلَابِسُ _____ جِدًّا.

❸ هَذَا الثَّمَنُ _____.

❹ أُرِيدُ أَنْ أَشْتَرِيَ 15 _____.

[연습-4] 녹음을 듣고 대화의 빈칸에 알맞은 말을 넣으시오.

اَلْبَائِعُ: أَهْلًا وَسَهْلًا. أَيُّ خِدْمَةٍ؟

سَمِيرٌ: أُرِيدُ أَنْ _____❶ قَمِيصًا أَبْيَضَ.

اَلْبَائِعُ: هَلْ _____❷ هَذَا الْقَمِيصُ؟

سَمِيرٌ: يُعْجِبُنِي اللَّوْنُ، لَكِنَّهُ غَيْرُ مُنَاسِبٍ لِي.

اَلْبَائِعُ: لِمَاذَا؟

سَمِيرٌ: لِأَنَّ هَذَا _____❸ عَلَيَّ.

اَلْبَائِعُ: إِذَنْ، مَا رَأْيُكَ فِي هَذَا الْقَمِيصِ؟

سَمِيرٌ: هَذَا جَيِّدٌ. _____❹ هَذَا الْقَمِيصَ لَوْ سَمَحْتَ.

اَلْبَائِعُ: حَاضِرٌ.

어휘와 표현

كَبِيرٌ	크다
صَغِيرٌ	작다
طَوِيلٌ	길다
قَصِيرٌ	짧다
رَخِيصٌ	싸다
غَالٍ (غَالِيَةٌ)	비싸다
مَعْقُولٌ	적당하다
مُنَاسِبٌ لِـ...	어울리다
مَقَاسٌ	치수
ثَمَنٌ، سِعْرٌ	가격
أُجْرَةٌ	요금
بَدْلَةٌ	양복
خِدْمَةٌ	서비스
أَشْتَرِيَ	사다(미완료 접속법)
قَمِيصٌ	셔츠
كِيلُو	kg
طَمَاطِمُ	토마토
بَطَاطَا	감자
بَصَلٌ	양파

문화

아랍인의 접대문화

아랍인은 손님을 환대하는 전통으로 유명하다. 손님이 오면 지나치다 싶을 정도로 접대를 한다. 식사에 초대를 받은 경우 초대받은 사람이 다 먹을 수 없을 정도로 음식을 넉넉하게 준비하여 환대를 표현한다. 이때 음식이 남으면 집안의 다른 가족이 가지고 들어가서 내실에서 따로 식사를 하기도 한다.

식사를 대접하지 않는 경우에는 차를 마시면서 손님을 환대한다. 이 경우 처음 손님이 찾아오면 커피를 낸다. 이때 주인이 커피 맛을 확인하기 위해서 먼저 한 잔을 마신다. 그리고 손님에게 건네는 커피 첫 잔을 아랍어로 فِنْجَانٌ لِلضَّيْفِ(손님을 위한 잔)라고 한다. 손님을 환대하는 커피가 나온 이후에는 홍차를 낸다. 대화나 방문이 길어질 경우에는 주전자 채 가져다가 계속 나누어 마시면서 이야기를 한다.

마지막으로 그 방문한 곳에서 나오려고 하면 다시 커피를 낸다. 이 커피를 아랍어로 فِنْجَانٌ لِلْكَيْفِ(적응하기 위한 잔)라고 한다.

손님 접대를 위한 응접실

손님에게 대접하는 커피와 다과

이처럼 커피에 담긴 의미가 있는데, 만약 네 번째 잔이 나오면 이 잔은 계약이나 담판을 성사시키기 전에는 마시지 않는다. 만약 손님이 이 네 번째 잔의 커피를 마시면 계약이 성립되었거나 담판이 이루어진 것으로 간주된다.

MEMO

هَلْ حَجَزْتَ تَذْكِرَةَ الطَّائِرَةِ؟

학습 목표

- 전화 통화 표현
- 항공권 예약 표현
- 호텔 예약 표현
- 식당 예약 표현
- 이슬람식 표현

말하기와 읽기

1 항공권 예약 표현

مَاذَا سَتَفْعَلُ فِي الشِّتَاءِ؟	너는 겨울에 뭐 할거니?
سَأُسَافِرُ إِلَى الْأُرْدُنِّ وَلُبْنَانَ وَمِصْرَ.	요르단, 레바논, 이집트로 여행갈거야.
مَتَى تُسَافِرُ إِلَيْهَا؟	언제 거기로 여행가니?
سَوْفَ أُسَافِرُ إِلَيْهَا فِي بِدَايَةِ فِبْرَايِر.	2월 초에 여행갈거야.
هَلْ حَجَزْتَ تَذْكِرَةَ الطَّائِرَةِ؟	항공권을 예약했니?
نَعَمْ، لَقَدْ حَجَزْتُهَا.	그래, 이미 예약했어.
لَا، لَمْ أَحْجِزْهَا بَعْدُ.	아니, 아직 예약하지 않았어.

말하기와 읽기

2 호텔 예약 표현

여보세요, 서울여행사입니다.	آلُو، مَكْتَبُ سِيُول لِلسِّيَاحَةِ وَالسَّفَرِ.
암만의 필라델피아 호텔 방을 예약하고 싶습니다.	أُرِيدُ أَنْ أَحْجِزَ غُرْفَةً فِي فُنْدُقِ فِيلَادِلْفِيَا فِي عَمَّانَ، لَوْ سَمَحْتَ.
어떤 방을 예약하고 싶으신가요?	أَيَّ غُرْفَةٍ تُرِيدُ أَنْ تَحْجِزَ؟
1인실 방을 예약하고 싶습니다.	أُرِيدُ أَنْ أَحْجِزَ غُرْفَةً بِسَرِيرٍ وَاحِدٍ.
2인실 방을 예약하고 싶습니다.	أُرِيدُ أَنْ أَحْجِزَ غُرْفَةً بِسَرِيرَيْنِ.
언제 예약을 원하십니까?	مَتَى تُرِيدُ أَنْ تَحْجِزَ؟
다음 주 수요일부터 3박입니다.	ثَلَاثَ لَيَالٍ مِنْ يَوْمِ الْأَرْبِعَاءِ الْقَادِمِ.
누구 이름으로 (예약하시죠)?	بِاسْمِ مَنْ؟
홍길동으로요.	بِاسْمِ هُونغ غِيل دُونغ.
하루 밤에 숙박료가 얼마인가요?	كَمْ أُجْرَةُ الْغُرْفَةِ فِي لَيْلَةٍ؟
1인실 하루 숙박료는 85 디나르입니다.	أُجْرَةُ الْغُرْفَةِ بِسَرِيرٍ فِي لَيْلَةٍ 85 (خَمْسَةٌ وَثَمَانُونَ) دِينَارًا.
2인실 하루 숙박료는 110 디나르입니다.	أُجْرَةُ غُرْفَةٍ بِسَرِيرَيْنِ فِي لَيْلَةٍ 110 (مِائَةٌ وَعَشَرَةُ) دَنَانِيرَ.

말하기와 읽기

3 식당 예약 표현

여보세요, 페트라 식당입니다.	آلُو، مَطْعَمُ الْبَتْرَاءِ.
목요일 저녁에 4인 테이블 예약할 수 있습니까?	هَلْ يُمْكِنُ أَنْ أَحْجِزَ طَاوِلَةً لِأَرْبَعَةِ أَشْخَاصٍ مَسَاءَ يَوْمِ الْخَمِيسِ؟
예, 가능합니다.	نَعَمْ، مُمْكِنٌ.
누구 이름으로 예약하시겠습니까?	بِاسْمِ مَنْ تُرِيدُ أَنْ تَحْجِزَهَا؟
사미르 이름으로 예약을 하고 싶습니다.	أُرِيدُ أَنْ أَحْجِزَهَا بِاسْمِ سَمِيرٍ، لَوْ سَمَحْتَ.
몇 시예요?	فِي أَيِّ سَاعَةٍ؟
6시요.	فِي السَّاعَةِ السَّادِسَةِ.
예.	حَاضِرٌ.

표현과 문법

1 حَجَزَ (예약하다) 동사 단수형 활용

	1인칭 (공통)	2인칭 (남성형)	2인칭 (여성형)	3인칭 (남성형)	3인칭 (여성형)
완료형	حَجَزْتُ	حَجَزْتَ	حَجَزْتِ	حَجَزَ	حَجَزَتْ
미완료형 직설법	أَحْجِزُ	تَحْجِزُ	تَحْجِزِينَ	يَحْجِزُ	تَحْجِزُ
미완료형 접속법	أَحْجِزَ	تَحْجِزَ	تَحْجِزِي	يَحْجِزَ	تَحْجِزَ
미완료형 단축형	أَحْجِزْ	تَحْجِزْ	تَحْجِزِي	يَحْجِزْ	تَحْجِزْ

연습

[연습-1] 주어와 동사를 바르게 짝 지으시오.

(a)• أَنَا   •❶ تُرِيدِينَ

(b)• أَنْتَ   •❷ أَحْجِزُ

(c)• أَنْتِ   •❸ يُسَافِرُ

(d)• هُوَ   •❹ تَذْهَبُ

[연습-2] 빈칸에 알맞은 말을 <보기>에서 찾아 써 보시오.

> 보기: أَحْجِزْهَا   حَجَزْتِ   أُسَافِرَ   حَجَزْتُهَا

❶ أُرِيدُ أَنْ _____ غَدًا صَبَاحًا.

❷ هَلْ _____ تَذْكِرَةَ الطَّائِرَةِ، يَا سَمِيرَةُ؟

❸ لَا، لَمْ _____ بَعْدُ.

❹ نَعَمْ، _____.

표현과 문법

연 습

[연습-3] 주어진 동사를 알맞은 활용 형태로 고쳐 쓰시오.

❶ هَلْ تُرِيدُ أَنْ ＿＿＿＿＿＿ إِلَى فَرَنْسَا؟ (سَافَرَ)

❷ لَا، سَوْفَ ＿＿＿＿＿＿ إِلَى لُبْنَانَ. (سَافَرَ)

❸ هَلْ ＿＿＿＿＿＿ تَذْكِرَةَ الطَّائِرَةِ؟ (حَجَزَ)

❹ نَعَمْ، ＿＿＿＿＿＿. (حَجَزَ)

[연습-4] 알맞은 짝을 찾아서 연결하시오.

❶ لَمْ أَحْجِزْهَا • • (a) فِي بِدَايَةِ فِبْرَايِر.

❷ سَوْفَ أُسَافِرُ إِلَيْهَا • • (b) تُرِيدُ أَنْ تَحْجِزَهَا؟

❸ كَمْ أُجْرَةُ الْغُرْفَةِ • • (c) بَعْدُ.

❹ بِاسْمِ مَنْ • • (d) فِي لَيْلَةٍ؟

[연습-5] 녹음을 듣고 대화의 빈칸에 알맞은 말을 넣으시오.

إِبْرَاهِيمُ: هَلْ حَجَزْتَ تَذْكِرَةَ الطَّائِرَةِ؟

سَمِيرٌ : لَا، لَمْ ＿＿❶＿＿ بَعْدُ.

إِبْرَاهِيمُ: يَجِبُ أَنْ تَحْجِزَهَا قَبْلَ السَّفَرِ.

سَمِيرٌ : صَحِيحٌ، سَوْفَ ＿＿❷＿＿ غَدًا.

إِبْرَاهِيمُ: هَلْ حَجَزْتَ غُرْفَةً فِي الْفُنْدُقِ؟

سَمِيرٌ : نَعَمْ، ＿＿❸＿＿ حَجَزْتُهَا.

إِبْرَاهِيمُ: أَتَمَنَّى لَكَ ＿＿❹＿＿ سَعِيدَةً.

سَمِيرٌ : شُكْرًا جَزِيلًا.

어휘와 표현

سَ، سَوْفَ	~할 것이다
بِدَايَةٌ	시작, 초
فِبْرَايِر	2월
حَجَزَ، يَحْجِزُ	예약하다
تَذْكِرَةُ الطَّائِرَة	항공권
لَقَدْ	이미 ~하다
مَكْتَبُ السِّيَاحَةِ وَالسَّفَرِ	여행사
غُرْفَةٌ	방
تَذْكِرَةٌ	표, 티켓
بَعْدُ	아직(부정을 나타내는 표현과 함께 사용됨)
فُنْدُقٌ	호텔
سَرِيرٌ	침대
أُجْرَةٌ	요금
سَفَرٌ	여행
لَيْلَةٌ (ج. لَيَالٍ)	밤
أُجْرَةُ الْغُرْفَة	숙박료, 방 값
طَاوِلَةٌ	테이블
حَاضِرٌ	예

문화

이슬람식 표현

무슬림은 종교적인 표현을 즐겨 사용한다. 기독교 아랍인들은 이슬람식 표현을 사용하지 않지만, 아랍인의 대다수를 차지하는 무슬림 아랍인들이 주로 사용하는 표현에는 다음과 같은 것이 있다.

اَلسَّلَامُ عَلَيْكُمْ.

안녕하세요. (원 뜻: '알라의 평화가 당신들 위에 있기를.')
알라가 주는 평화가 당신과 당신 어깨 위의 두 천사에게 함께 하기를 비는 이슬람식 인사말이다.

إِنْ شَاءَ اللهُ.

'알라가 원한다면'은 미래의 상황을 알지 못하므로 알라에게 맡기는 표현이다. 주로 약속이나 미래의 일에 대한 언급을 한 후에 사용한다.

اَلْحَمْدُ لِلهِ.

'찬미를 알라에게'(우리말의 '덕분에'에 가까운 표현)는 어려운 일을 무사히 마치고 난 후에 하는 말이다. 어려운 시험에 통과했을 때, 병에서 나았거나, 여행을 마치고 무사히 귀환했을 때, 식사를 잘 마쳤을 때 등에 사용된다.

بِسْمِ اللهِ.

'알라의 이름으로', 식사나 연설 등 새로운 일을 시작할 때 하는 말이다.

مَا شَاءَ اللهُ.

'알라가 원하는 것'이라는 뜻의 이 표현은 훌륭하거나 예쁘다는 표현으로 사용된다.

بَارَكَ اللهُ فِيكَ.

'알라가 너를 축복하시기를'이라는 의미의 기원문이다. 이러한 기원문은 일반적으로 완료동사를 사용하여 표현하는데, 이에 대해서 اللهُ يُبَارِكُ فِيكَ와 같이 동사의 미완료형 동사를 사용한 명사문으로 답한다.

부록

1. 연습 문제 풀이
2. 단어집

1. 연습 문제 풀이

제1과

연습 1

اِسمي اِحمد. واِدرس في اِلجامعة هاِن كوك للدِراسات اِلاجنبية.

연습 2

سافرت إلى البحرين قيل سبع سنوات.

연습 3

في المساء، يذاكر الاولاد دروسهم، ويشاهد أبوابهم التليفزيون.

연습 4

كان يا ما كان في قديم الزمان، كان تاجر كثير المال والاعمال.

يا : 어두형

قديم : 어중형

كثير : 어중형

연습 5

1) باب
2) بتث
3) ثوت
4) ثيبات
5) تيبو
6) تويوتا

제2과

연습 1

1) 1. هُوَ
2) هِيَ

3) أَنْتَ
4) أَنْتِ

연습 2

1) هَلْ هُوَ خَالِدٌ؟
2) هَلْ هِيَ سَمِيرَةُ؟
3) هَلْ أَنْتَ طَالِبٌ؟
4) هَلْ أَنْتِ طَالِبَةٌ؟

연습 3

(a), (2)
(b), (3)
(c), (1)

연습 4

الجامعة، الاِجتماع : jīm
يحِبّ، يحضر : ḥā
خاِلد، الخِميس : khā

연습 5

1) تجيب
2) اجاب
3) حجاب
4) يحتاج
5) اخي
6) خبيث

연습 9

faṯḥa: 14개
ḍamma: 4개
kasra: 7개

제3과

연습 1 🎧

(1) كَيْفَ
(2) اَلْخَيْرِ
(3) صَبَاحُ
(4) اَلْحَمْدُ

연습 2

(a), (2)
(c), (1)
(b), (3)

연습 3

dāl: أحمدِ
dhāl: وذِهب
rā': رِسالة، البريد، لإِرسالها
zāy: لِزميله

연습 4

(1) أدب
(2) دجاج
(3) نبذ
(4) تجذيب
(5) ريح
(6) خوارج
(7) زوج
(8) بيتزا

연습 5

فِي الْبَيْتِ غُرْفَةُ النَّوْمِ وَالْمَطْبَخُ وَالْمَغْسِلُ.

연습 6

1) ta/b/tu
2) ba/t/ba/ta
3) khu/b/zu
4) za/u/ju

제4과

연습 1

(1) مِنْ
(2) مِنَ
(3) أَنَا

연습 2

يِسكن :sīn
مشهورون :šīn
الصحراء :ṣād
بالضيوف :ḍād

연습 3

(1) صدر
(2) سمك
(3) شرب
(4) صديق
(5) مشهور
(6) سيف

제5과

연습 1 🎧

(1) هَذِهِ
(2) هَذَا
(3) هَذَا
(4) هَذِهِ

연습 2

(1) هِيَ
(2) هُوَ
(3) عِنْدِي

연습 3

(1) تَحْتَ
(2) عَلَى
(3) أَمَامَ
(4) فِي

연습 5
ṭā': المطعم، طعاما، طاجن
'ayn: سعيد، المطعم، العربيّ، طعاما
ġayn: الغذاء، مغربيّا

연습 6
(1) غرفة
(2) سعاد
(3) سطر
(4) عشاء
(5) بطاطا
(6) صغير

제6과

연습 1 🎧
اَلْمُدَرِّسُ وَالطَّالِبُ فِي الْفَصْلِ.
اَلْمُدَرِّسُ أَمَامَ اللَّوْحِ وَالطَّالِبُ أَمَامَ الْكُمْبِيوتِرِ وَيَلْعَبُ الطُّلَّابُ فِي الْمَلْعَبِ.

연습 2 🎧
(1) هَذَا
(2) ذَلِكَ
(3) هَذَا
(4) تِلْكَ

연습 3
(1), (d)
(2), (c)
(3), (b)
(4), (a)

연습 4
fā': فاطمة، في
qāf: القاهرة
kāf: كريم
lām: طالية، للغة، العربية، لبنان

연습 5
(1) ليلة

(2) كوكب
(3) يقف
(4) فندق
(5) كيف
(6) علوي

제7과

연습 2 🎧
(1) حَارٌّ
(2) بَارِدٌ
(3) لَطِيفٌ
(4) دَافِئٌ

연습 3
(1), (b)
(2), (a)

연습 4
(1) غَائِمًا
(2) مُشْمِسًا
(3) مُمْطِرًا

연습 5
(1) مُشْمِسًا
(2) مُشْمِسًا وَغَائِمًا وَمُمْطِرًا
(3) غَائِمًا
(4) مُمْطِرًا وَغَائِمًا

연습 6
(1) يَنَائِرُ
(2) يُولْيُو
(3) لَطِيفٌ
(4) دَافِئٌ

연습 7
(1) اَلْجَوُّ مُمْطِرٌ الْآنَ.
(2) كَانَ الْجَوُّ غَائِمًا.
(3) سَيَكُونُ الْجَوُّ مُشْمِسًا.

제8과

연습 2

(1) مَاذَا تُرِيدُ؟ - أُرِيدُ مَاءً.
(2) مَاذَا تُرِيدُ؟ - أُرِيدُ عَصِيرَ الْبُرْتُقَالِ.
(3) مَاذَا تُرِيدُ؟ - أُرِيدُ كَبَابًا.
(4) مَاذَا تُرِيدُ؟ - أُرِيدُ دَجَاجًا.

연습 3

(1), (b)
(2), (a)

연습 4

(1) مَاذَا تُرِيدُ؟ - أُرِيدُ خُبْزًا.
(2) مَاذَا تُرِيدِينَ؟ - أُرِيدُ كَبَابًا.
(3) مَاذَا تَشْرَبُ؟ - أَشْرَبُ عَصِيرَ الْبُرْتُقَالِ.
(4) مَاذَا تَشْرَبِينَ؟ - أَشْرَبُ شَايًا.
(5) مَاذَا تَأْكُلُ؟ - آكُلُ سَمَكًا.
(6) مَاذَا تَأْكُلِينَ؟ - آكُلُ لَحْمًا.

제9과

연습 1

(1), (d)
(2), (b)
(3), (c)
(4), (a)

연습 2

1) (c)
2) (a)
3) (d)
4) (e)
5) (b)

연습 3

(1) مَغْرِبِيٌّ
(2) لُبْنَانِيَّةٌ
(3) سُعُودِيٌّ
(4) أَمْرِيكِيَّةٌ
(5) عَرَبِيٌّ

연습 4

(1) لَسْتُ
(2) لَسْتُ
(3) لَيْسَ
(4) لَيْسَ

제10과

연습 1

(1) هِوَايَتِي كُرَةُ الْقَدَمِ.
(2) أُحِبُّ الْقِرَاءَةَ.
(3) هِوَايَتِي مُشَاهَدَةُ الْأَفْلَامِ.
(4) هِوَايَتِي سِبَاحَةٌ.

연습 2

(1) مَا هِوَايَتُكَ؟ - هِوَايَتِي تِنِس.
(2) مَا هِوَايَتُكِ؟ - هِوَايَتِي رَسْمٌ.
(3) هَلْ تُحِبُّ لُعْبَةَ الْإِنْتَرْنِت؟ - نَعَمْ، أُحِبُّهَا.
(4) هَلْ تُحِبُّ السَّفَرَ؟ - نَعَمْ، أُحِبُّهُ.

연습 3

(1) حَالُكَ
(2) أَمَامِي
(3) كِتَابُهَا
(4) أُخْتُهُ
(5) جَدَّتُكِ
(6) سَيَّارَتِي

연습 4
1) مَا
2) هَلْ
3) أَيَّةُ
4) أَيُّ

연습 5
여자: مَا هِوَايَتُكَ؟
남자: هِوَايَتِي كُرَةُ الْقَدَمِ وَكُرَةُ السَّلَّةِ.
여자: أَيَّ رِيَاضَةٍ تُحِبُّ أَكْثَرَ؟ كُرَةَ الْقَدَمِ أَمْ كُرَةَ السَّلَّةِ؟
남자: أُحِبُّ كُرَةَ الْقَدَمِ أَكْثَرَ. وَمَا هِوَايَتُكِ؟
여자: أُحِبُّ الْقِرَاءَةَ.
남자: وَهَلْ تُحِبِّينَ الِاسْتِمَاعَ إِلَى الْمُوسِيقَى؟
여자: نَعَمْ، أُحِبُّ الِاسْتِمَاعَ إِلَى الْمُوسِيقَى وَلَكِنْ أُحِبُّ الْقِرَاءَةَ أَكْثَرَ.

여자: (1), (4)
남자: (2), (3)

제11과

연습 1
1) بِكَمِ الْحِذَاءُ؟
   كَمْ سِعْرُ (ثَمَنُ) هَذَا الْحِذَاءِ؟
2) بِكَمِ الْقَمِيصُ؟
   كَمْ سِعْرُ (ثَمَنُ) هَذَا الْقَمِيصِ؟
3) بِكَمِ الْمَوْزُ؟
   كَمْ سِعْرُ (ثَمَنُ) هَذَا الْمَوْزِ؟
4) بِكَمِ الدَّفْتَرُ؟
   كَمْ سِعْرُ (ثَمَنُ) هَذَا الدَّفْتَرِ؟

연습 2
(a), (5)
(b), (7)
(c), (2)
(d), (10)
(e), (1)

(f), (6)
(g), (3)
(h), (8)
(i), (4)
(j), (9)

연습 3
1) ثَلَاثُ كُرَاتٍ
2) تُفَّاحَةٌ وَاحِدَةٌ
3) أَرْبَعَةُ أَقْلَامٍ
4) سَيَّارَتَانِ اِثْنَتَانِ

연습 4
1) اَلْأَسْوَدُ
2) اَلْأَزْرَقُ
3) اَلْأَبْيَضُ
4) اَلدَّفْتَرُ

연습 5
B: نَعَمْ، عِنْدِي مَوْزٌ.
B: ثَمَنُهُ مِائَةُ جُنَيْهٍ.

제12과

연습 1
A: كَمِ السَّاعَةُ الْآنَ؟
B: اَلسَّاعَةُ الْآنَ الثَّالِثَةُ.

연습 2
1) اَلسَّاعَةُ الْوَاحِدَةُ
2) اَلسَّاعَةُ التَّاسِعَةُ
3) اَلسَّاعَةُ الْحَادِيَةَ عَشْرَةَ
4) اَلسَّاعَةُ الْخَامِسَةُ

연습 6
1) اَلسَّاعَةُ السَّابِعَةُ وَخَمْسُ دَقَائِقَ.
2) اَلسَّاعَةُ الثَّامِنَةُ إِلَّا عَشْرَ دَقَائِقَ.
3) اَلسَّاعَةُ الْوَاحِدَةُ إِلَّا رُبْعًا.
4) اَلسَّاعَةُ الْحَادِيَةَ عَشْرَةَ وَالثُّلْثُ.

연습 7 🎧

يَقُومُ مِنَ النَّوْمِ فِي السَّاعَةِ الْخَامِسَةِ وَالنِّصْفِ صَبَاحًا وَ يَحْضُرُ إِلَى الْمَكْتَبِ فِي السَّاعَةِ الثَّامِنَةِ صَبَاحًا وَ يَقْرَأُ كِتَابًا فِي الْمَقْهَى ظُهْرًا وَ يَتَنَاوَلُ الْعَشَاءَ مَعَ الْأُسْرَةِ فِي السَّاعَةِ السَّادِسَةِ مَسَاءً.

순서: 4-1-2-3

제13과

연습 1

(a),(5)
(b),(4)
(c),(3)
(d),(1)
(e),(6)
(f),(2)

연습 2

운동장   مَلْعَبٌ
병원   مُسْتَشْفَى
학교   مَدْرَسَةٌ
정류장   مَوْقِفُ الْأُوتُوبِيسِ
상점   مَحَلٌّ
회사   شَرِكَةٌ
우체국   مَكْتَبُ الْبَرِيدِ

1) شَرِكَتِي
2) وَمَوْقِفُ الْأُوتُوبِيسِ
3) مَدْرَسَةٌ
4) مَحَلٌّ
5) مُسْتَشْفَى

6) مَكْتَبُ الْبَرِيدِ

연습 3

(1),(d)
(2),(a)
(3),(f)
(4),(b)
(5),(c)
(6),(e)

제14과

연습 1

1) كُرَةُ الْقَدَمِ
2) التايكوندو
3) اَلِاسْتِمَاعُ إِلَى الْمُوسِيقَى
4) مُشَاهَدَةُ الْأَفْلَامِ
5) اَلسِّيَاحَةُ
6) اَلسِّبَاحَةُ

연습 2

1) نَدْرُسِينَ
2) أَدْرُسُ
3) تَتَكَلَّمُ
4) أَتَكَلَّمُ
5) يَتَعَلَّمُ
6) تَتَعَلَّمُ

연습 3

1). هَذِهِ الشَّجَرَةُ أَطْوَلُ مِنْ تِلْكَ.
2). هَذِهِ السَّيَّارَةُ أَصْغَرُ مِنْ سَيَّارَتِكَ.
3). اَلْقَمِيصُ الْأَبْيَضُ أَجْمَلُ مِنَ الْقَمِيصِ الْأَزْرَقِ.
4). ذَلِكَ الْبِنَاءُ أَجَدُّ مِنْ هَذِهِ الْمَكْتَبَةِ.
5). اَلشِّتَاءُ أَبْرَدُ مِنَ الْخَرِيفِ فِي رُوسِيَا.

연습 4

1) اَلسِّبَاحَةَ

2) كُرَةُ الْقَدَمِ
3) الْأَفْلَام
4) مُشَاهَدَة

1) أَشْعُرُ بِأَلَمٍ فِي الرَّأْسِ.
2) أَشْعُرُ بِأَلَمٍ فِي الْبَطْنِ.
3) أَشْعُرُ بِأَلَمٍ فِي الْقَلْبِ.
4) أَشْعُرُ بِأَلَمٍ فِي الْقَدَمِ.

제15과

연습 1
1) هُنَاكَ دَفْتَرٌ.
2) هُنَاكَ حَقِيبَةٌ.
3) هُنَاكَ تِلِفِزْيُون فِي الْغُرْفَةِ.
4) هُنَاكَ طُلَّابٌ فِي الْفَصْلِ.

연습 3
1) تُسَافِرَ
2) تَتَكَلَّمَ
3) تَلْعَبِي
4) يَتَنَاوَلَ

연습 5
1) مَرْحَبًا بِكَ
2) دَقِيقَةً وَاحِدَةً
3) مَنْ يَتَكَلَّمُ
4) مَوْجُودٌ

연습 6
فِي يَوْمِ الْاِثْنَيْنِ أَلْعَبُ كُرَةَ الْقَدَمِ مَعَ أَصْدِقَائِي وَفِي يَوْمِ الثُّلَاثَاءِ أَدْرُسُ اللُّغَةَ الْعَرَبِيَّةَ فِي الْمَعْهَدِ وَفِي يَوْمِ الْأَرْبِعَاءِ أَدْرُسُ الْمُحَادَثَةَ بِاللُّغَةِ الْإِنْجِلِيزِيَّةِ عَبْرَ الْإِنْتَرْنِت. وَفِي يَوْمِ الْخَمِيسِ أَسْبَحُ فِي النَّادِي الرِّيَاضِيِّ. وَفِي يَوْمِ الْجُمْعَةِ أَتَنَاوَلُ الْعَشَاءَ مَعَ أُسْرَتِي. وَفِي يَوْمِ السَّبْتِ أَحْضُرُ إِلَى اِجْتِمَاعٍ لِلْقِرَاءَةِ مَعَ أَصْدِقَائِي وَفِي يَوْمِ الْأَحَدِ أُنَظِّفُ بَيْتِي عَادَةً.

연습 2
رَأْسٌ	머리
عَيْنٌ	눈
أَنْفٌ	코
فَمٌ	입
أُذُنٌ	귀
رَقَبَةٌ	목
صَدْرٌ	가슴
يَدٌ	손
ذِرَاعٌ	팔
رِجْلٌ	다리
قَدَمٌ	발
بَطْنٌ	배

연습 3
1) مَاذَا
2) أَلَمٌ
3) دَرَجَةُ حَرَارَتِي
4) وَصْفَةُ الْعِلَاجِ

연습 4
1) يَبْدُو
2) يَجِبُ

연습 5
1)
A: أَيْنَ جَامِعَةُ الْقَاهِرَةِ؟
B: اِنْزِلْ أَمَامَ هَذَا الْبِنَاءِ.

2)
A: أَيْنَ الْمَتْحَفُ؟
B: اِمْشِ عَلَى طُولٍ.

3)
A: أَيْنَ مَحَطَّةُ الْمِتْرُو؟

16과

연습 1

B: اِذْهَبْ إِلَى الْأَمَامِ.

연습 6
(1), (b)
(2), (c)
(3), (a)
(4), (d)

연습 7
(1) اَلطَّبِيبُ يَفْحَصُ الْمَرِيضَ.
(2) أَشْعُرُ بِبَرْدٍ.
(3) أَشْعُرُ بِأَلَمٍ فِي الْبَطْنِ.
(4) هَذِهِ وَصْفَةُ الْعِلَاجِ، أَعْطِنِي الدَّوَاءَ مِنْ فَضْلِكَ.

연습 8
(1) اِفْتَحْ
(2) حُمَّى
(3) دَرَجَةُ حَرَارَتِي
(4) بِالسَّمَّاعَةِ

연습 9
(1) أَشْعُرُ بِأَلَمٍ فِي صَدْرِي.
(2) خُذِي الدَّوَاءَ ثَلَاثَ مَرَّاتٍ يَوْمِيًّا.
(3) اَلطَّبِيبُ فَحَصَنِي بَطْنِي بِالسَّمَّاعَةِ.
(4) اِسْتَرِحْ فَتَتَحَسَّنُ صِحَّتُكَ إِنْ شَاءَ اللهُ.

17과

연습 1 🎧
(1) كَمْ سِعْرُ الدُّولَارِ؟
(2) أُرِيدُ أَنْ أُغَيِّرَ دُولَارًا إِلَى دِينَارٍ.

연습 2
(1) سَأُسَافِرُ إِلَى مِصْرَ.
(2) سَوْفَ يَزُورُ حَسَنٌ إِلَى أَبِي الْهَوْلِ وَالْأَهْرَامِ.

연습 3
(1) حَسَنٌ أَطْوَلُ طَالِبٍ فِي فَصْلِي.

하산은 나의 교실에서 가장 키가 크다.
(2) سُومِي أَجْمَلُ طَالِبَةٍ فِي مَدْرَسَتِنَا.
수미는 우리 학교에서 가장 예쁘다.
(3) هَذَا الْقَمِيصُ أَكْبَرُ قَمِيصٍ فِي مَحَلِّ الْمَلَابِسِ.
이 셔츠는 옷 가게에서 가장 큰 옷이다.
(4) هَذِهِ الْجَامِعَةُ أَحْدَثُ جَامِعَةٍ فِي مِصْرَ.
이 대학은 이집트에서 가장 현대적이다.

연습 4
(1) أُرِيدُ
(2) يَصِلُ
(3) أَحْجِزُ
(4) أَذْهَبُ

연습 5
(1) أَيْنَ يَقَعُ الْبَنْكُ الْمِصْرِيُّ؟
يَقَعُ وَرَاءَ الْمُسْتَشْفَى.
(2) أَيْنَ يَقَعُ فُنْدُقُ مِصْرَ؟
يَقَعُ أَمَامَ الْمَدْرَسَةِ.
(3) أَيْنَ تَقَعُ حَدِيقَةُ الْحَيَوَانَاتِ؟
تَقَعُ فِي يَمِينٍ.
(4) أَيْنَ يَقَعُ الْمَتْحَفُ الْوَطَنِيُّ؟
يَقَعُ فِي يَسَارٍ.

연습 7
(1) كَتَبَ سَامِي.
(2) فِي مَدِينَةِ الْقَاهِرَةِ.
(3) سَيُسَافِرُ سَامِي إِلَى الْأُقْصُرِ.
(4) وَصَلَ قَبْلَ ثَلَاثَةِ أَيَّامٍ.
(5) سَيَعُودُ إِلَى كُورِيَا بَعْدَ أَرْبَعَةِ أَيَّامٍ.

18과

연습 1
(1) عَلَى

연습 7

عَزِيزِي مُحَمَّد
أَشْكُرُ عَلَى دَعْوَتِكُمْ سَأَزُورُ إِلَى بَيْتِكَ فِي يَوْمِ الْجُمْعَةِ، إِنْ شَاءَ اللهُ.
شُكْرًا جَزِيلًا وَعِيدُ مِيلَادٍ سَعِيدٌ.
صَدِيقُكَ الْمُخْلِصُ

제19과

연습 1 🎧
1) يُعْجِبُنِي
2) تُعْجِبُهَا
3) ثَمَنُ
4) مَعْقُولٍ

연습 2
1) أُرِيدُ
2) يُرِيدُ
3) تُرِيدِينَ
4) تُرِيدُ

연습 3
1) كَبِيرٌ
2) قَصِيرَةٌ
3) غَالٍ
4) قَلَمًا

연습 4 🎧
1) أَشْتَرِيَ
2) يُعْجِبُكَ
3) صَغِيرٌ
4) أَعْطِنِي

2) إِلَى
3) مِنْ
4) فِي

연습 2
1) يُمْكِنُنِي
2) مِنَ الْأَفْضَلِ
3) شُكْرًا جَزِيلًا

연습 3
1) يُمْكِنُكَ
2) يُمْكِنُنِي

연습 4
1) عَزِيزِي
2) دَعْوَتِكَ
3) أَتَمَنَّى
4) الْمُخْلِصُ

연습 5
(1), (d)
(2), (b)
(3), (c)
(4), (a)

연습 6
1) يَدْعُو مَحْمُودُ دَرْوِيشٍ إِلَى حَفْلِ الزَّوَاجِ.
2) يَكُونُ الْحَفْلُ فِي فُنْدُقِ النِّيلِ.
3) فِي الْخَامِسِ مِنْ مَارِس 2020م.
4) فِي السَّاعَةِ السَّادِسَةِ بَعْدَ الظُّهْرِ.
5) يَبْدَأُ الْحَفْلُ فِي يَوْمِ الْخَمِيسِ.

제20과

연습 1
(a), (2)
(b), (4)
(c), (1)
(d), (3)

연습 2
1) أُسَافِرَ
2) حَجَزْتِ
3) أَحْجِزْهَا
4) حَجَزْتُهَا

연습 3
1) تُسَافِرَ
2) أُسَافِرُ
3) حَجَزْتَ
4) حَجَزْتُهَا

연습 4
(1), (c)
(2), (a)
(3), (d)
(4), (b)

연습 5
1) أَحْجِزْهَا
2) أَحْجِزْهَا
3) لَقَدْ
4) رِحْلَةً

2. 단어집

ا

أَ	…입니까? (의문사)(13)
أَبٌّ	아버지, 아빠(5)
أَبْرِيل	4월(7)
أَبْيَضُ	흰색의(11)
أَتَّصِلُ	(내가)연락한다(15)
أَتَمَنَّى	(내가)원한다(16)
أَتَنَاوَلُ	(내가)먹는다(12)
اِثْنَانِ	2, 둘(11)
أَجَدُّ	더 새로운(14)
أُجْرَةُ الْغُرْفةِ	숙박료, 방값(20)
أُجْرَةُ	가격, 요금(19)
أَجْمَلُ	더 예쁜(14)
أُحِبُّ	(내가) 좋아한다(10)
أَحَبَّ	(그가)좋아했다(10)
أَحْجِزَ	(내가)예약한다(접속법)(18)
أَخٌ	형제(5)
أُخْتٌ	자매(5)
آخَرُ	다른(16)
أُذْنٌ	귀(16)
أَذْهَبُ	(내가)간다(13)
أَرَادَ	(그가)원했다(8)
أَرْبَعَةٌ	4, 넷(11)
أُرْدُنِيٌّ	요르단의, 요르단인(9)

	أُرْزٌ	쌀, 밥(8)
	أَرْكَبُ	(내가)탄다(13)
	أُرِيدُ	(내가)원한다(8)
	أَزْرَقُ	파란색의(11)
	أُسْبُوعٌ	주(17)
	أُسْتَاذٌ	교수(6)
	اِسْتِخْدَامٌ	사용(13)
	(اِسْتَرِيحِي) اِسْتَرِحْ	쉬세요(여성형)(명령형)(16)
	اِسْتِمَاعٌ إِلَى الْمُوسِيقَى	음악감상(14)
	أُسْرَةٌ	가족(1)
	أَسْرَعُ	더 빨리(18)
	أُسُسٌ	기초, 근간(أَسَاسٌ의 복수)(5)
	آسِفٌ	미안한(18)
	اِسْمٌ (복 أَسْمَاءٌ)	이름, 명사(1)
	أَسْوَدُ	검은색의(11)
	أَسْئِلَةٌ	질문들(سُؤَالٌ의 복수)(4)
	أَشْتَرِيَ	(내가)산다(미완료접속법)(19)
	أَشْخَاصٌ	사람들(شَخْصٌ의 복수)(20)
	أَشْرَبُ	(내가)마신다(8)
	أَشِعَّةُ أَكْس	엑스레이(16)
	أَصْعَبُ	더 어려운(14)
	أَصْغَرُ	더 작은(14)
	أَصْفَرُ	노란색의(11)
	أَطْوَلُ	더 긴(14)
	أَعْطِنِي	(남자에게)내게 주세요(명령형)(19)

	أَعْطِينِي	(여자에게)내게 주세요(명령형)(19)
	اِفْتَحْ	열어 보세요(명령형)(16)
	إِفْرِيقِيَا	아프리카(17)
	أَفْضَلُ	더 좋은(18)
	أَقْصَرُ	더 짧은(14)
	أَقَلُّ	더 적은(14)
	أَقُومُ مِنْ	(내가)일어난다(12)
	أَكْبَرُ	더 큰(14)
	أُكْتُوبِر	10월(7)
	أَكْثَرُ	더 많은(14)
	أَكَلَ	(그가)먹었다(8)
	أَكْلٌ	섭취(13)
	إِلَّا	…제외하고(12)
	اَلْأُرْدُنُّ	요르단(9)
	اَلْأُقْصُرُ	룩소르(17)
	اَلْآنَ	지금(7)
	اِلْتِهَابٌ	염증(16)
	(اَلسَّاعَةُ) اَلْحَادِيَةَ عَشْرَةَ	11시(12)
	اَلْحَمْدُ لِلهِ	알라에게 찬미를(8)
	اَلدِّرَاسَاتُ الْعُلْيَا	대학원(6)
	اَلسَّعُودِيَّةُ	사우디 아라비아(9)
	اَلسَّلَامُ عَلَيْكُمْ	안녕하십니까(1)
	أَلْعَابٌ إِلِكْتْرُونِيَّةٌ	컴퓨터 게임(14)
	اَلْعِرَاقُ	이라크(4)
	أَلْفٌ	천, 1000(18)

اَلْقَاهِرَةُ	카이로(7)
اَلِكْتُرُونِيَّةٌ	전자의(13)
اَلْكُوَيْتُ	쿠웨이트(4)
اَللُّغَةُ الْإِسْبَانِيَّةُ	스페인어(14)
اَللُّغَةُ الْإِنْجِلِزِيَّةُ	영어(14)
اَللُّغَةُ الرُّوسِيَّةُ	러시아어(14)
اَللُّغَةُ الصِّينِيَّةُ	중국어(14)
اَللُّغَةُ الْعَرَبِيَّةُ	아랍어(14)
اَللُّغَةُ الْفَرَنْسِيَّةُ	프랑스어(14)
أَلَمٌ	통증(16)
اَلْمَدْرَسَةُ الاِبْتِدَائِيَّةُ	초등학교(6)
اَلْمَدْرَسَةُ الْإِعْدَادِيَّةُ	중학교(6)
اَلْمَدْرَسَةُ الثَّانَوِيَّةُ	고등학교(6)
اَلْمَغْرِبُ	모로코(9)
آلُو	여보세요(15)
إِلَى	로(1)
إِلَى اللِّقَاءِ	안녕히 가세요(1)
اَلْيَوْمَ	오늘(7)
أُمٌّ	어머니, 엄마(5)
أَمَامَ	앞에(5)
اِمْتِحَانٌ	시험(18)
أَمْرِيكَا	미국(9)
أَمْسِ	어제(7)
اِمْشِ	가세요(명령형)(13)
أُمَمٌ	국가들(أُمَّةٌ의 복수)(5)

أَنَا	나(1)
أَنَامُ	(내가)잠을 잔다(12)
أَنْتِ	당신(여)(2)
أَنْتَ	당신(남)(2)
اِنْتَظِرْ	기다리세요(명령형)(15)
اِنْزِلْ	내리세요(남성형)(16)
اِنْزِلِي	내리세요(여성형)(16)
أَنْفٌ	코(16)
أَهْلًا	반갑습니다(1)
أَهْلًا بِكَ	أَهْلًا وَسَهْلًا의 대답(11)
أَهْلًا وَسَهْلًا	환영합니다(1)
أُوتُوبِيس	버스(13)
أُورُبَّا	유럽(15)
أَيٌّ	어떤, 무슨(의문사)(10)
أَيَّةٌ	어떤, 무슨(أَيٌّ의 여성형)(의문사)(10)
أَيْضًا	또한(14)
أَيْنَ	어디에(4)

ب

بَارِدٌ	추운(7)
بَارَكَ اللهُ فِيكَ	축하합니다(1)
بِجَانِبِ	옆에(5)
بِخَيْرٍ	좋습니다(3)
بُدٌّ	피할 길(5)
(لَا بُدَّ مِنْ)	(반드시…해야 한다)
بِدَايَةٌ	시작, 초(20)
بَدْلَةٌ	양복(19)

بَدْوٌ	유목민(복수형 명사)(9)
بَدَوِيٌّ	베드윈(9)
بُرْتُقَالِيٌّ	오렌지색의(11)
بُرْجٌ	탑(17)
بَرْدٌ	감기(16)
بِسَبَبِ	…때문에(16)
بِسْمِ اللهِ	알라의 이름으로(8)
بَصَلٌ	양파(19)
بَطَاطَا	감자(19)
بِطَاقَةٌ	카드(17)
بَطْنٌ	배(신체)(16)
بِطِّيخٌ	수박(5)
بَعْدُ	아직(부정을 나타내는 표현(لَمْ)과 함께)(20)
بَعْضٌ	몇몇의(17)
بَعِيدٌ عَنْ	…에서 먼(13)
بَغْدَادُ	바그다드(4)
بَلَدٌ	나라(18)
بِنَاءٌ	건물(14)
بَنْطَلُونٌ	바지(11)
بَنْكٌ	은행(13)
بَيْتٌ	집(4)
بِيتْزَا	피자(8)
بَيْرُوتُ	베이루트(4)
بَيْنَ	사이에(13)
تَارِيخٌ	날짜, 역사(17)

تَاكْسِي	택시(13)
تَأْكُلُ	(당신은)먹는다(8)
تَأْكُلِينَ	(당신(여)은)먹는다(8)
تايكوندو	태권도(14)
تَتَعَلَّمُ	(당신은)배운다(14)
تَتَكَلَّمُ	(당신은)말한다(14)
تُحِبُّ	(당신(남)은)좋아한다(10)
تُحِبِّينَ	(당신(여)은)좋아한다(10)
تَحْتَ	아래에, 밑에(5)
تَحَسَّنَ	호전되었다, 좋아졌다(16)
تَحْضُرُ إِلَى	(당신은)도착한다, 참석한다(12)
تدْخِينٌ	흡연(13)
تَذْكِرَةُ الطَّائِرَةِ	항공권(20)
تَذْكِرَةٌ	표, 티켓(17)
تَذْهَبُ	(당신(남)은)간다(13)
تُرِيدُ	(당신(남)은)원한다(8)
تُرِيدِينَ	(당신(여)은)원한다(8)
تُسَافِرُ	(당신(남)은)여행한다(15)
تِسْعَةٌ	9, 아홉(11)
تَسْكُنُ	(당신(남)은)산다, 거주한다(10)
تَشْرَبُ	(당신(남)은)마신다(8)
تَشْرَبِينَ	(당신(여)은)마신다(8)
تَشَرَّفَ	영광이다(18)
تَشَرَّفْنَا	우리가 영광입니다(1)
تَصْوِيرٌ	촬영(13)

تَعْبَانُ	피곤한(16)
تُفَّاحٌ	사과(과일)(12)
تَقَابَلَ	만났다(18)
تَلْعَبُ	(당신(남)은)경기한다(15)
تِلْكَ	저것은(여)(6)
تِلِيفُون	전화(15)
تَمْشِيَ إِلَي	(당신은)…로 걷는다(13)
تَمَنَّى	소망했다, 희망했다(18)
تَنَامُ	(당신(남)은)잔다(12)
تَنَاوُلٌ	식사(18)
تِنِسٌ	테니스(10)
تُونِسُ	튀니지(7)

ث

ثَقَافِيٌّ	문화적인(18)
ثَلَاثَ مَرَّاتٍ	세 번(16)
ثَلَاثَةٌ	3, 셋(11)
ثَمَانِيَةٌ	8, 여덟(11)
ثَمَنٌ	가격(11)

ج

جَارٍ	현재의, 진행되는(7)
جَامِعَةٌ	대학교(6)
جُبْنٌ	치즈(8)
جَدٌّ	할아버지(5)
جَدَّةٌ	할머니(5)
جَدِيدٌ	새로운(9)
جَزِيرَةٌ(جُزُرٌ 복)	섬(17)
جَزِيلًا	매우(16)

	جِسْمٌ	몸, 신체(16)
	جُلُوسٌ	착석(13)
	جَمِيلٌ	아름다운(9)
	جِنْسِيَّةٌ	국적(17)
	جُنَيْهٌ	주나이흐(화폐명)(11)
	جَوٌّ	날씨(3)
	جَوَازُ سَفَرٍ	여권(17)
	جَيِّدٌ	좋은(5)
ح	حَارٌّ	더운(5)
	حَاضِر	예(20)
	حَافِلَةٌ	버스(13)
	حَالٌ	상태, 상황(3)
	حَالِيٌّ	현재의(7)
	حَجَزَ	(그가)예약했다(20)
	يَحْجُزُ	(그가)예약한다(20)
	حَدَثٌ (복 أَحْدَاثٌ)	사건(18)
	حَدِيثٌ	현대식의, 최신식의(9)
	حَدِيقَةُ الْحَيَوَانَاتِ	동물원(17)
	حِذَاءٌ	신발(11)
	حَرَارَةٌ	열, 온도(16)
	حَسَاءٌ	수프(8)
	حَفْلَةٌ	잔치(18)
	حَقِيبَةٌ	가방(5)
	حَلْقٌ	목구멍(16)
	حَلْوَى	디저트(8)

	حَلِيبٌ	우유(8)
	حَمْدٌ	영광(3)
	حُمَّى	열(16)
خ		
	...خَارِجَ	...의 밖에(15)
	خُبْزٌ	빵(8)
	خِدْمَةٌ	서비스(17)
	خَرِيفٌ	가을(7)
	خَفِيفَةٌ	가벼운(16)
	خَلْفَ	뒤에(5)
	خَمْسَةٌ	5, 다섯(11)
	خَيْرٌ	좋음(1)
د		
	دَافِئٌ	따뜻한(7)
	دَائِمًا	항상(13)
	دُبَيُّ	두바이(4)
	دَجَاجٌ	닭고기(8)
	دُخُولٌ	입장(17)
	دَرَجَةُ حَرَارَةٍ	체온(16)
	دَرَجَةُ حَرَارَتِي	나의 체온(16)
	دَرَسَ	(그는)공부했다(14)
	دَرْسٌ	수업, 과(18)
	دِرْهَمٌ	디르함(화폐명)(11)
	دَفْتَرٌ	공책(11)
	دَقِيقَةٌ (복 دَقَائِقُ)	시간의 분(12)
	دِمَشْقُ	다마스쿠스(7)
	دَوَاءٌ	약(16)

	دُولَارٌ	달러(17)
	دِينَارٌ (복 دَنَانِيرُ)	디나르(화폐명)(11)
ذ	ذِرَاعٌ	팔(16)
	ذٰلِكَ	저것은(남)(6)
ر	رَأْسٌ	머리(16)
	رَأْيٌ	생각, 견해(9)
	رَبِيعٌ	봄(7)
	رَجُلٌ	남자(13)
	رِجْلٌ	다리(16)
	رِحْلَةٌ	여행(20)
	رَخِيصٌ	싼(19)
	رِسَالَةٌ	편지, 메시지(17)
	رَسْمٌ	그림 그리기(10)
	رَقَبَةٌ	목(16)
	رَقْمٌ	번호(13)
	رُوسِيَا	러시아(14)
	رَوْضَةُ (الْأَطْفَالِ)	유치원(6)
	رِيَاضَةٌ	운동, 스포츠(10)
ز	رِيَالٌ	리얄(화폐명)(11)
	زَوَاجٌ	결혼(18)
	زِيَارَةٌ	방문(17)
س	سَ ، سَوْفَ	…할 것이다(20)
	سَاخِنٌ	따뜻한, 뜨거운(16)
	سَاعَةٌ	시각, 시간(12)
	سَائِلٌ	흐르는, 액체(4)

سِبَاحَةٌ	수영(10)
سَبَبٌ	이유(17)
سَبْعَةٌ	7, 일곱(11)
سِتَّةٌ	6, 여섯(11)
سَتَفْعَلُ	당신(남)은 …을 할 것이다(20)
سَرِيرٌ	침대(20)
سِعْرٌ	가격(11)
سُعُودِيٌّ	사우디 아라비아인의(9)
سَعِيدٌ	행복한(18)
سَفَرٌ	여행(10)
سَلِّمْ	인사전해주세요(명령형)(17)
سَمَّاعَةٌ	청진기(16)
سَمَكٌ	생선(8)
سَنَةٌ	해, 년(18)
سُؤَالٌ	질문(4)
سُوقٌ (복 أَسْوَاقٌ)	시장(13)
سَيَّارَةٌ	자동차(6)
سَيَكُونُ	…일 것이다(7)
سِينَمَا	영화관, 극장(5)

ش

شَاءَ	(그가)원했다(16)
شَارِعٌ (복 شَوَارِعُ)	거리(13)
شَاطِئٌ	해변(4)
شَاوِرْمَةُ	샤와르마(8)
شَايٌّ	차(茶)(8)
شِتَاءٌ	겨울(7)

	شَجَرَةٌ	나무(14)
	شَرِبَ	마시다(8)
	شُرْبٌ	마심(13)
	شَرِكَةٌ	회사(13)
	شِفَاءٌ عَاجِلٌ	빠른 치료(쾌유)(16)
	شُكْرًا	고마워요(18)
	شَهْرٌ	달, 월(17)
ص	صَبَاحٌ	아침(1)
	صَبَاحًا	아침에(7)
	صِحَّةٌ	건강(16)
	صَحِيحٌ	옳은(13)
	صُدَاعٌ	두통(16)
	صَدْرٌ	가슴(16)
	صَدِيقٌ	친구(14)
	صَرَفَ	환전했다(17)
	صَغِيرٌ	작은, 어린(9)
	صَيْدَلِيٌّ	약사(16)
	صَيْدَلِيَّةٌ	약국(16)
	صَيْفٌ	여름(7)
ط	طَالِبٌ (طُلَّابٌ 복)	학생(2)
	طَاوِلَةٌ	테이블(20)
	طَبْخٌ	요리(14)
	طَبِيبٌ	의사(6)
	طَعَامٌ	음식(15)
	طَمَاطِمُ	토마토(19)

طَوِيلٌ	긴(9)
طَيَرَانٌ	항공(17)
ظَهْرٌ	등(신체)(16)
ظُهْرًا	정오에(7)
عَادَةً	평소, 일반적으로(12)
عَالٍ (عَالِيَةٌ)	높은(여성형)(16)
عَامٌ	해, 년(18)
عَدَدٌ	수, 숫자(12)
عَرَبٌ	아랍 사람(9)
عَشَاءٌ	저녁 식사(15)
عَشَرَةٌ	10, 열(11)
عَصْرًا	오후에(7)
عَصِيرٌ	주스(8)
عَصِيرُ الْبُرْتُقَالِ	오렌지 주스(8)
عُطْلَةٌ	방학(15)
عِلَاجٌ	치료(16)
عَلَى الْأَقْدَامِ	걸어서(13)
عَلَى الْيَسَارِ	왼쪽에(13)
عَلَى الْيَمِينِ	오른쪽에(13)
عَلَى	위에(5)
عَمٌّ	삼촌, 아저씨
عِنْدَ	…에(5)
عِنْدِي	내가 가지고 있다(나에게 …이 있다) (5)
عِيدٌ	명절(18)

ظ

ع

غ	عَيْنٌ	눈(16)
	غَالٍ (غَالِيَةٌ)	비싼(여성형)(19)
	غَائِمٌ	흐린, 구름 낀(7)
	غَدًا	내일(7)
	غَدَاءٌ	점심식사(12)
	غُرْفَةٌ	방(5)
	غَيْرٌ	아닌(19)
	غَيَّرَ	(그가)바꾸었다, 환전했다(17)
ف	فَاكِهَةٌ (복 فَوَاكِهُ)	과일(17)
	فِبْرَايِر	2월(20)
	فَحَصَ	(그가)진찰했다(10)
	فَصْلٌ (복 فُصُولٌ)	교실(6)
	فَمٌّ	입(16)
	فُنْدُقٌ	호텔(17)
	فَوْقَ	…위에(5)
	فِي	…안에(4)
	فِي أَسْرَعِ وَقْتٍ مُمْكِنٍ	가능한 한 빨리(18)
	فِيلْمٌ	영화(14)
ق	قَادِمٌ	오는(7)
	قَامَ بِـ	…를 행하다(17)
	قَبْلَ	…전에(17)
	قَدَمٌ	발(16)
	قَدِيمٌ	오래된(9)
	قِرَاءَةُ الْوِيبْ تُون	웹툰 보기(14)
	قِرَاءَةٌ	독서(10)

قَرِيبٌ مِنْ	…에서 가까운(13)	
قَصْرٌ	성(궁전) (13)	
قَصِيرٌ	짧은(9)	
قِطَارٌ	기차(17)	
قَلْبٌ	심장, 마음(16)	
قَلْعَةٌ	성, 요새(17)	
قَلَمٌ (복 أَقْلَامٌ)	연필, 펜(5)	
قَلِيلٌ	적은(9)	
قَلِيلًا	조금만(13)	
قَمِيصٌ	셔츠(9)	
قَهْوَةٌ	커피(8)	
قَيْءٌ	구토(16)	ك
كَ	당신의(접미인칭대명사 2인칭(남))(10)	
كِ	당신의(접미인칭대명사 2인칭(여))(10)	
كَاتِبٌ	작가(6)	
كَانَ	그(것)는 …이었다(7)	
كَبَابٌ	케밥(8)	
كَبِيرٌ	큰, 나이 많은(9)	
كِتَابٌ (복 كُتُبٌ)	책(5)	
كَتَبَ	(그가)썼다(17)	
كَثِيرٌ	많은(9)	
كُرَةُ السَّلَّةِ	농구(14)	
كُرَةُ الْقَدَمِ	축구(10)	
كُرَةٌ	공(5)	
كُرْسِيٌّ (복 كَرَاسٍ)	의자(6)	

	كَرِيمَةٌ	친절한(17)
	كَعْكٌ	케이크(8)
	كَمْ	얼마(의문사)(11)
	كُمْبِيُوتِرُ	컴퓨터(6)
	كُوبٌ	컵(5)
	كُورِيٌّ	한국의, 한국인(9)
	كُورِيَا	한국(4)
	كُوَيْتِيٌّ	쿠웨이트의, 쿠웨이트인(9)
	كَيْفَ	어떻게(의문사)(3)
	كِيلُو، كِيلُوغْرَام	Kg, 킬로그램(19)
ل	لَا	아니오(2)
	لَبَنٌ	요거트(8)
	لُبْنَانُ	레바논(9)
	لَحْظَةٌ	잠시(15)
	لَحْمٌ	고기(8)
	لَسْتُ	(내가)…이 아니다(1인칭)(9)
	لَطِيفٌ	청명한, 화창한(3)
	لُعْبَةُ الْإِنْتَرْنِت	인터넷 게임(10)
	لُعْبَةٌ	놀이, 게임(10)
	لَقَدْ	이미…하다(20)
	لَكِنَّ	그러나(19)
	لِلّٰهِ	알라에게(3)
	لِمَاذَا	왜(의문사)(14)
	لَوْ سَمَحْتَ	실례합니다(19)
	لَوْحٌ	칠판(6)

	لَوْنٌ	색깔(19)
	لِيبِيٌّ	리비아의, 리비아인의(9)
	لِيرَةٌ	리라(화폐명)(11)
	لَيْسَ	(그가)…이 아니다(9)
	لَيْسَتْ	(그녀가)…이 아니다(9)
	لَيْلًا	밤에(7)
	لَيْلَةٌ (복 لَيَالٍ)	밤(20)

م

	مَا	무엇(의문사)(10)
	مَاءٌ	물(4)
	مَاذَا	무엇(의문사)(10)
	مَارِس	3월(7)
	مَاضٍ	지난, 과거에(7)
	مِائَةٌ	백, 100(11)
	مَائِدَةٌ	탁자(5)
	مُبَارَكٌ	축하합니다(18)
	مَبْرُوكٌ	축하합니다(구어체표현)(1)
	مَتْحَفٌ	박물관(17)
	مِتْرُو	전철, 지하철(13)
	مَتَى	언제(의문사)(12)
	مُثْلِجٌ	눈 오는(7)
	مَحَطَّةٌ	역, 정거장, 정류장(13)
	مَحَلٌّ (복 مَحَلَّاتٌ)	상점(13)
	مُخْلِصٌ	충실한, 친애하는(18)
	مُدَرِّسٌ	선생님(6)
	مَدْرَسَةٌ	학교(6)

مَدِينَةٌ	도시(10)
مَرَّةٌ	번, 횟수(15)
مَرْحَبًا	반갑습니다(1)
مَرْحَبًا بِكَ	반갑습니다(1) (مَرْحَبًا의 대답인사)(1)
مَرِيضٌ	환자(16)
مُزْدَحِمٌ بِـ	…으로 붐비는(13)
مَسَاءٌ	오후(3)
مَسَاءً	저녁에(7)
مُسْتَشْفَى	병원(13)
مُشَاهَدَةُ الْأَفْلَامِ	영화감상(10)
مُشَاهَدَةُ التِّلْفِزْيُونِ	TV시청(10)
مُشْمِسٌ	해가 난(7)
مَشْهُورَةٌ	유명한(13)
مِصْرِيٌّ	이집트의, 이집트인(남)(9)
مَطَارٌ	공항(15)
مَطْعَمٌ	식당(15)
مَعَ	…와 함께(15)
مَعَ السَّلَامَةِ	안녕히 가세요(1)
مَعْقُولٌ	적당한(19)
مُعَلِّمٌ	선생님, 교사(15)
مُقَابِلَ	건너 편에(13)
مَقَاسٌ	치수(19)
مِقْيَاسُ الْحَرَارَةِ	체온계(16)
مَكَانٌ	장소(17)
مَكْتَبٌ (복 مَكَاتِبُ)	책상, 사무실(5)

مَكْتَبُ الْبَرِيدِ	우체국(13)
مَكْتَبُ السَّفَرِ وَالسِّيَاحَةِ	여행사(20)
مَكْتَبَةٌ (복 مَكْتَبَاتٌ)	도서관, 서점(6)
مَلْعَبٌ (복 مَلَاعِبُ)	운동장(6)
مُمْتَازٌ	훌륭한(19)
مُمْتِعَةٌ	재미있는(14)
مُمَرِّضٌ	간호사(16)
مُمْطِرٌ	비 오는(7)
مُمْكِنٌ	가능한(18)
مَمْنُوعٌ	금지된(13)
مِنْ	…로부터(4)
مَنْ	누구(의문사)(15)
مُنَاسِبٌ لِـ	…에 어울리다(19)
مِهْرَجَانٌ	축제(18)
مِهْنَةٌ	직업(17)
مُهَنْدِسٌ	엔지니어(6)
مَوْجُودٌ	존재하는(15)
مَوْزٌ	바나나(11)
مَوْسِمٌ سِيَاحِيٌّ	관광철(18)
مَوْسِمٌ	계절(18)
مُوسِيقَى	음악(10)
مُوَظَّفٌ	회사원, 직원(6)
مَوْعِدٌ	약속(시간, 장소)(12)
مَوْقِفٌ	정류장, 서는 장소(13)
مِيلَادٌ	출생(17)

ن

	نَافِذَةٌ	창문(6)
	نَتَقَابَلَ	우리가 만난다(미완료접속법)(18)
	نَجَاحٌ	성공(18)
	نِصْفٌ	절반, 2분의 1(11)
	نَعَمْ	예(2)
	نَلْتَقِيَ	우리가 만난다(미완료접속법)(18)
	نُورٌ	빛, 밝음(3)
	نَوْعٌ	종류(14)
	نَوْمٌ	잠(12)

ه

	ـنِي	나를(목적격 접미인칭대명사)(9)
	ـهُ	그의(접미인칭대명사)(9)
	ـهَا	그녀의(접미인칭대사)(9)
	هَاتِفٌ	전화기(13)
	هَاتِفٌ مَحْمُولٌ	휴대전화(15)
	هٰذَا	이것은, 이 사람(남)은(지시대명사)(5)
	هٰذِهِ	이것은, 이 사람(여)은(지시대명사)(5)
	هَلْ	…입니까?(의문사)(2)
	هُنَا	여기(13)
	هُنَاكَ	…이 있다(13)
	هُوَ	그(는)(2)
	هِوَايَةٌ	취미(10)
	هِيَ	그녀(는)(2)
	هَيَّا	…합시다(18)

و

	وَاحِدٌ	1, 하나(11)
	وَجْهٌ	얼굴(16)

وَرَاءَ	뒤에(13)	
وَزْنٌ	무게(12)	
وَسَطِ الْمَدِينَةِ	시내(13)	
وَصْفَةُ الْعِلَاجِ	처방전(16)	
وَصَلَ	(그가)도착했다(17)	
وَطَنِيَّةِ	국립의(13)	
وَقَعَ	위치했다(17)	
وُقُوفٌ	멈춤, 주차(13)	
		ي
ـي	나의(소유격 접미인칭대명사)(9)	
يَبْدُو أَنْ	…처럼 보이다(16)	
يَتَعَلَّمُ	(그가)배운다(14)	
يَتَكَلَّمُ	(그가)말한다(14)	
يَجِبُ أَنْ	…해야만 한다(16)	
يَدٌ	손(16)	
يَدْرُسُ	(그가)공부한다(14)	
يَرْجِعُ إِلَى	…로 (그가)돌아온다(15)	
يَسَارٌ	왼쪽(13)	
يُسَافِرُ	(그가)여행한다(15)	
يَطْبُخُ	(그가)요리한다(15)	
يُعْجِبُ	…이 마음에 든다(19)	
…يُمْكِنُ أَنْ	가능하다(13)	
يَمِينٌ	오른쪽(13)	
يَوْمٌ	날, 일(3)	
يَوْمُ الِاثْنَيْنِ	월요일(7)	
يَوْمُ الْأَحَدِ	일요일(7)	

يَوْمُ الْأَرْبِعَاءِ	수요일(7)
يَوْمُ الثُّلَاثَاءِ	화요일(7)
يَوْمُ الْجُمْعَةِ	금요일(7)
يَوْمُ الْخَمِيسِ	목요일(7)
يَوْمُ السَّبْتِ	토요일(7)

الحروف العربية Arabic Alphabet

أ - ألوان   ب - بطيخ   ت - تاج   ث - ثوب

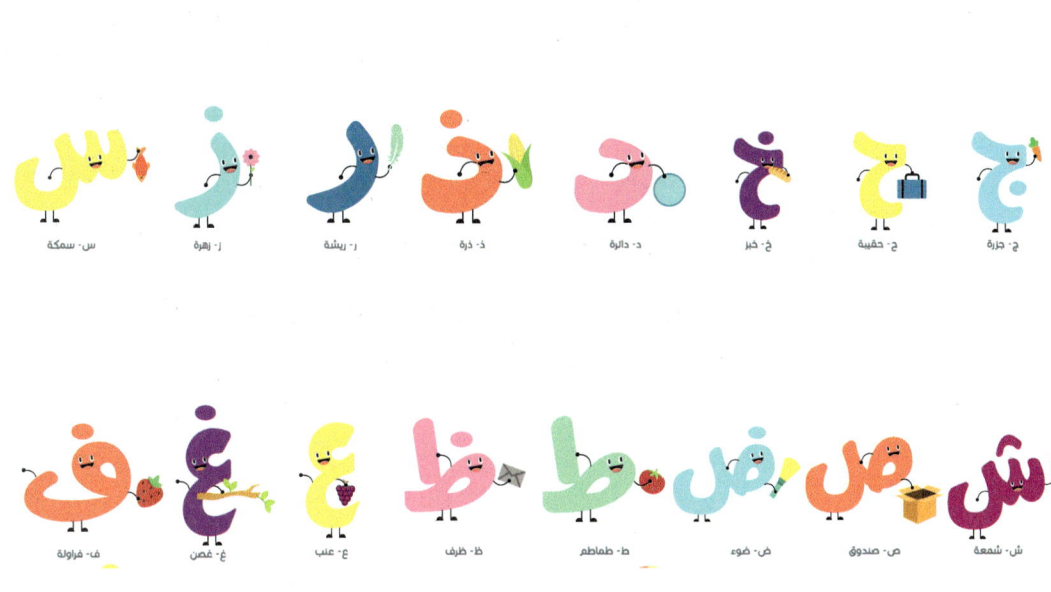

ج - جزرة   ح - حقيبة   خ - خبز   د - دائرة   ذ - ذرة   ر - ريشة   ز - زهرة   س - سمكة

ش - شمعة   ص - صندوق   ض - ضوء   ط - طماطم   ظ - ظرف   ع - عنب   غ - غصن   ف - فراولة

ق - قلم   ك - كرة   ل - لعبة   م - مظلة   ن - نجمة   هـ - هاتف   و - وردة   ي - يد

참고문헌

Mahdi Alosh,
"Ahlan wa Sahlan -Functional Modern Standard Arabic for Beginners-",
2000년, Yale University Press, New Haven and London

집필

이인섭(한국외국어대학교)
장세원(단국대학교)
임병필(명지대학교)
남옥정(단국대학교)

감수

곽순례(한국외국어대학교)
안희연(단국대학교)

초급아랍어 A1

발행일	2021년 3월 1일 (1판 1쇄 발행)
발행처	(주)지엔피에듀
발행인	황순신
홈페이지	www.gnpedu.co.kr
ISBN	979-11-973299-8-2 15790
정가	18,000원
디자인	(주)룰루랄라랩
교재 문의	TEL: 070-4900-6168 / email: gnpedu.book@gmail.com

· 이 책을 무단 복사 · 복제 · 전재하는 것은 저작권법에 저촉됩니다.
· 본 『초급아랍어 A1』은 교육부 국립국제교육원의 '특수외국어 전문교육기관 사업비'를 지원받아 수행한 결과물입니다.